KB054173

○
어느
애주가의
고백
○

어느
애주가의
고백

Über das Trinken und das Glück

술 취하지 않는 행복에 대하여

다니엘 슈라이버 지음 | **이덕임** 옮김

SNOWFOX

차례

1장

그 모든 것이 어떻게 시작되었는가

사랑은 언제나 그 감정이 끝난 이유보다 시작될 때의 강렬함을 기억하는 게 더 쉽다. 나에게 있어 술에 대한 기억도 마찬가지다. 나는 술이 내 삶에 확실한 기쁨이 되어 주던 그때의 감정과 기분을 완벽하게 기억하고 있다.

술이 선사했던, 찬란했던 기억 중에는 뉴욕 브루클린 파크 슬로프 거리가 있다. 아름다운 갈색 벽돌집과 20세기 초에 심어진 은행나무들이 늘어서 있고 일요일 오후면 한 손에는 커피를, 다른 한 손에는 개 줄을 쥔 사람들이 한가로이 거리를 지나다니는 곳이었다. 하지만 지금부터 내가 하려는 이야기는 뉴욕의 이 거리 풍경과는 아무런 상관이 없다. 오히려 런던이나 바르셀로나 혹은 베를린, 어쩌면 세계 어느 도시에서

든 겪을 수 있는 평범한 이야기일지 모른다.

그러니 하나의 장소를 골라 보라. 당신이 사는 곳 아니면 특별히 기억에 남은 장소를 떠올려 보라. 호두 식빵을 한 조각 자르고, 치즈를 썰어 포도 몇 알과 함께 접시에 담은 다음, 와인을 따르는 자신을 상상해 보라. 부드러운 향을 들이마신 후 한 모금을 음미하며 온몸에 달콤한 휴식의 느낌이 퍼져 나가는 그 순간을 상상해 보라. 두 번째 잔을 사랑하는 이에게 넘겨줄 때 입가에 번지는 미소를 떠올려 보라.

> 이 이야기는 술,
> 우리 인생의 모든 순간을 함께하고 있는
> 그 존재에 대한 이야기다.

나는 언제나 술을 즐겼다. 혼자서든, 여럿이든. 술집이든, 집안의 소파에서든. 어디에서나 나는 술을 마셨다. 주중과 주말도 가리지 않았다. 대학을 다니며 끝없이 이어지는 파티를 즐겼고, 모두가 그렇듯 마약을 했다. 숙취로 지끈거리는 두통을 안고 깨어나 아침을 맞는 것도 익숙했다. 술은 어디서나 환영받고, 숙취로 휘청거리는 일은 청춘의 당연한 의식 중 하나인 양 받아들여졌다. 밤새 술을 마시다 해가 떠오르는 걸 보며 설명할 수 없는 희열을 느끼고, 처음 만난 누군가와 아무런 죄책감 없이 잠자리에 들던 시절이었다.

우린 너무나 젊었고 시간은 흘러넘쳤으며 어떤 행동에도 심각한 의미를 부여하지 않았다. 그때까지만 해도 인생의 시간은 끝없이 계속되는 줄 알았다. 비록 스스로에게 이렇게 표현하지는 않았지만, 삶이 내 앞에 통째로 놓인 채 소모되기만을 기다리고 있는 것 같았다. 내가 내린 어떤 결정조차, 그게 무엇이든 쉽게 돌이킬 수 있을 것 같았다. 모든 것, 모든 순간이 중요하며 사소한 결정들이 모여 내 삶이 된다는 걸 깨달은 건 한참 후였다.

지독한 사랑의 시작—모든 애주가에게 술이 대단한 사랑으로 여겨지는 것처럼—, 나 역시 술과 헤어지기로 결심한 날보다 술과 사랑을 시작했던 날들이 훨씬 근사한 기억으로 남아 있다. 깊은 관계를 나눈 대상과의 이별은 오래 걸리게 마련이다. 오랜 시간 유지해 온 관계를 깨지 못해 붙잡고 있는 연인처럼.

술과의 이별은 이미 오래전에 시작되고 있었다. 관계를 유지하기 위해 너무 오래 싸우다 보니 사랑이 언제 전쟁이 되었는지 알지 못했을 뿐이다. 사랑의 시작은 대체로 온갖 약속과 아름다운 계획으로 가득 차 있다. 20대 중반의 나 또한 뉴욕의 파크 슬로프에서 한가로이 앉아 술과 함께 하루를 즐기는 삶이 오래 지속될 줄 알았다. 사랑하는 사람과 친구들 그리고 다채로운 직업의 사람들과 만나고. 와인 가게에 들러 더 좋은 술을 고르는 생활들 말이다.

조화로운 느낌과 편안함을 주며 와인은 고된 하루의 잔재를 씻어 내리는 완충제 역할을 했다. 때론 내면에서 차오르는 현실에 대한 불안과 삶이 호락호락하지 않을 때마다 솟구치는 격동의 감정을 잠재우는 최상의 진정제이기도 했다. 그렇다. 세상은 내가 원하는 것처럼 술 없이도 척척 살아 낼 수 있는 그런 장밋빛이 아니었다.

주말에 종종 진탕 파티를 즐기기는 했지만 나와 내 파트너가 매번 과하게 술을 마신 건 아니었다. 우리는 몇 년 동안 퇴근 후에만 술을 마시고 있었고, 마시지 않는 저녁도 있었다. 그럼에도 나는 술 없는 삶을 상상할 수 없었다. 스스로 술을 컨트롤 할 수 있다고 장담하던 때조차 나는 술에 얽매여 있었다. 성인의 삶은 술을 마시기 시작할 때 비로소 진정한 의미를 가진다고 느꼈다.

술에 찌들어 지냈지만 몰랐던 건 아니다. 술이 내 인생을 갉아먹고 완전히 망가질 때까지 끌고 다닐 거라는 걸 말이다. 내 안에는 두 개의 자아가 공존했다. 이성적 자아는 이제 그만 술을 놓으라고 말하고 있었다. 하지만 또 다른 자아는 그 지독한 사랑이 정말 끝이라도 날까 두려워하며 붙잡고 있었다. 어느 편으로든 이별은 나와 술 사이에 스며들고 있었다. 만약 그날의 와인이 그토록 절실하지 않았다면, 도저히 마시지 않고는 살 수 없을 것 같은 대상이 되어 있다는 두려운 사실을 마주하지 않았다면 그리고 파트너 옆에 반병의 술이 남아 있었다면 나는 지금까지도 술을 마시고 있을 거라고 확신한다.

파크 슬로프에서 베를린으로 이사한 후 옥상 테라스에 여러 종류의 수국을 심었다. 책 한 권을 쓰고 이런저런 잡지사에 글을 기고하며 여행도 많이 다녔다. 그 와중에도 나는 여전히 술을 마셨다. 겉으로 볼 때 나의 삶은 완전히 바뀌었지만 술만은 그대로 남아 있었다. 전시회 개막식에서의 미지근한 맥주. 독서를 하면서 마시던 슈퍼마켓에서 산 와인. 바젤의 무역 박람회에서 마셨던 모엣&샹동 샴페인. 이스탄불 비엔날레에서 맛봤던 라키. 베이징의 파크 하얏트 호텔에서 마셨던 볼랑저 와인. 뉴욕의 낡은 바에서 마셨던 데킬라. 주말이면 베를린의 집을 나와 밖에서 마시던 보드카 토닉. 계절에 따라, 혼자일 때와 일을 할 때 등 여러 상황을 신중하게 고려해 선택해 마시던 피노 누와르와 피노 그리.

나는 이때를, 끊임없이 허둥거리고 짜증스러운 시절로 기억하고 있다. 술로 인한 크고 작은 사건들이 내 일상의 한 부분으로 자리 잡았던 때였다. 얼마나 많은 비행기와 기차를 놓쳤거나 놓칠 뻔했던가. 숙취로 하루를 시작하는 날이 얼마나 잦았던가. 부모님, 형제자매 혹은 친구들의 생일을 잊어버린 날은 또 얼마나 많았던가. 얼마나 많이 사람들을 모욕하고, 은행에서 얼마나 돈을 자주 빌리고, 수많은 친구의 도움을 받아야 했던가. 아침에 생판 낯선 이와 함께 깨어나는 일은 몇 번이었던가.

술을 계속 마시기 위한 최소한의 전략마저 점점 지키기 어려워지고 있었다. 적어도 6시간은 수면을 취하고, 너무 많이 마신 날은 잠들기 전에 아스피린을 먹을 것, 알코올 함량을 줄이기 위해 일부러 토할 것, 적어도 일주일에 하루는 몸을 위해 금주를 할 것, 농도가 센 비타민제를 아침에 복용해 긴 밤의 흔적이 너무 드러나지 않게 할 것, 누군가와 술에 대한 대화를 나눌 때는 그저 별것 아닌 양 거짓말을 하고 때로는 술이 별거 아닌 양 농담을 하는 것 같은 전략들 말이다.

내 삶은 술에 의해 전적으로 결정되고 있었다. 절대로 인정하지 않았지만 그 밖의 모든 것은 부차적이었다. 나조차도 내가 알코올 문제가 있는 사람이라고 생각하지 못했다. 누군가 나에게 그런 말을 했다면 미친 듯이 부정했을 것이다. 하지만 술을 마셔 온 지난 15년은 사건과 사고의 연속이었다. 필름이 끊긴 날도 많았고 완전히 곯아떨어져 시체처럼 지내기도 했다. 떠올리기조차 부끄러운 일을 하고 연락이 닿지 않는 어딘가로 사라지고 싶은 날도 많았다. 때론 고독한 감정에 지나치게 빠져 자살 충동을 느끼기도 했다. 평소에는 하지 않을 호기를 부리고 전혀 다른 사람이 된 듯 행동한 날도 많았다. 변명거리는 언제나 준비되어 있었다. '그날은 마약을 해서 그렇다', '이별을 했거나 심각한 상황 때문에 술을 마시고 난리를 피운 것일 뿐이다', '일이 너무 힘들어서 그랬다'. 무엇보다 겉보기에 내가 상당히 성공적인 삶을 살고 있다는 핑곗거리가 있었다.

나는 친구가 많았고 전 세계를 무대 삼아 취재를 다니며 살고 있었다. 술 한 잔을 들이켜며 내 삶이 매우 순조롭게 굴러간다고 호기롭게 말할 수 있었다. 언제나 그날의 첫 번째 술잔은 내 앞에 있었다. 저녁이나 주말까지 열심히 일했으니 술은 수고한 나에게 주는 상이라고 말할 수 있었다. 모든 사람이 수긍하는 휴식 방법이었고, 일상의 작은 불만과 미련을 잊게 해 주는 망각의 베일이기도 했다.

파크 슬로프에 머물던 당시 내 음주량은 매일 저녁 마시는 와인 한 병이었다. 겉으로는 정상으로 보이던 그때 나는 알코올의존증의 문턱에 다다르고 있었다. 그즈음 우리 집 거실에서 나눴던 두 친구와의 대화를 지금도 또렷이 기억한다. 나와 가깝게 지내며 술 마시는 동료(?)이기도 했던 친구들이 자조 모임 자발적인 알코올 남용 조절 모임을 총칭과 알코올 치유 프로그램에 자발적으로 참여하고 있다는 얘기를 전했다. 나는 엄청난 충격을 받았다. 그들이 왜 술을 끊으려는지는 충분히 공감했다. 하지만 실제 술을 끊겠다고 결심하다니….

정신이 번쩍 들었다. 그러고는 속으로 '앞으로 술을 계속 마시려면 무슨 수를 써서라도 조심해야겠다'고 맹세했다. 술이 없는 삶을 산다는 것, 두 친구처럼 금주를 위한 자조 모임에 내 발로 걸어 들어가 술과 이별하겠다는 결정을 하게 될지도 모른다는 두려움에 소름끼쳤다. 그건 나로서는 상상조차 싫은 일이었다.

대부분의 알코올중독자가 아주 오랫동안 나와 비슷한 생활을 해 왔을 거라고 생각한다. 알코올중독자라고 해도 겉으로 표시가 나는 건 아니다. 그들은 외관상 망가져 보이지도 않고 아침부터 술을 마시는 것도 아니다. 노숙자로 살지도 않고 친구와 직장이 있다. 이들은 술을 마시며 인생을 즐긴다. 그러다 어느 순간, 꼬집어 말할 수는 없지만 정상적인 궤도에서 벗어나고 있다는 걸 분명히 느낀다. 그러나 서둘러 술을 찾아 마심으로써 그 깨달음을 무마시킨다. 대부분의 알코올중독자는 우리가 흔히 아는 증세에 시달리지 않는다. 그저 술 없는 인생을 상상조차 할 수 없을 뿐이다.

　　사람들은 내가 왜 더 이상 술을 마시지 않기로 했는지에 대한 구체적인 이유를 원했다. 술을 끊으려면 대단히 심각한 문제나 어떤 계기, 고통스런 사건이 있어야 한다고 생각하는 듯했다. 극복하기 힘든 수렁에 빠지는 경험쯤은 있어야 한다고 여기는 듯했다.

　　내 경험이나 주위 친구들을 보면 어느 정도는 사실이다. 단지 사람들이 오해하는 것처럼 수렁에 빠졌다는 자각이 특정 장면이나 드라마틱한 사건으로부터 시작되는 건 아니다. 부끄러운 사건이나 사고를 겪은 시점 역시 아니다. 오히려 몇 주나 몇 달 혹은 몇 년 전부터 스멀스멀 올라오는 감정에서다. 술은 너무나 지독해서 순간 금주를 결정했다고 바로 금주할 수 있는 게 아니니까. 지겹도록 긴 내면의 반감들이 모이고 쌓여 금주를 하게 만들면 모를까.

　　술에서 기인된 감정이 바닥을 기어 다니고 삶 자체를 훼손하고 있을 때 금주는 시작된다. 일종의 마지막 보호 본능이 작동된 셈이다. 하지만 그 본능을 누를 만큼 술의 힘은 더 강력하다.

　　누군가는 이해하기 어려울 거다. 살면서 고통과 고독에 빠지지 않도록 안간힘을 쓰는 일. 그 무게가 너무나 커서 일상의 작은 절망감이나 실망스런 일쯤은 가벼운 에피소드처럼 느껴지는 것을 말이다. 에피소드로 넘길 힘조차 남아 있지 않을 땐 별것 아닌 양 치부할 도구가 술밖에 없다. 왜 힘든지, 왜 이런 상실감이 드는지 그 이유를 따지는 일도 점점 어려워질 뿐이다. 안타깝게도 감정과 사고는 더 이상 제 기능을 하지 못한다. 나를 규정짓는 유일한 주체인 내면이 술로 인해 망가졌기 때문이다. 악순환. 끝없는 악순환이 시작되는 것이다.

결과적으로 밝게 빛나던 눈빛과 사랑스런 태도, 열정을 가득 품은 젊음의 무기들이 언제 내 안에서 부서져 버렸는지 나조차 알지 못한다. 단지 나 자신을 잃어버렸다는 상실감을 느낄 뿐이다. 그것은 처음 만난 사람과 벌거벗은 채 깨어나는 횟수로 드러난다. 자기를 보호하고, 성숙하고 바람직하게 만드는 일말의 기준조차 무너진 표면적 패턴인 것이다. 때에 따라 길고 짧던 휴식기와 자기 파괴의 시간들. 나름대로 조절하려 안간힘을 쓰지만 저녁마다 마시던 한 병 이상의 술. 처음엔 가끔이었지만 나중에는 되풀이되던, 이젠 기억조차 할 수 없는 주말의 사건과 사고들.

3, 4년간 이어지자 내 삶은 더 이상 내 것이 아니었다. 내 삶이 지금보다는 조금 더 나아지기를 바랐고 원하는 것들이 있었지만, 엎어진 블록처럼 어디서부터 끼워야 할지 판단조차 되지 않았다. 일주일에 두세 번 심리상담가를 찾아가며 불행한 내 인생을 어떻게든 꾸려 나가려고 애쓸 뿐이었다. 하지만 주중이나 여행을 할 때면 나는 주로 혼자서 술을 마셨다. 그것만이 내가 휴식을 취할 수 있는 유일한 방법이라고 믿었다.

그즈음에는 신경을 많이 써야 했다. 언젠가부터 와인 한 병을 넘기면 다음 날 출근이 힘들었다. 주말이면 주로 비슷한 사람들과 어울려 술집이나 클럽에 갔다. 누군가 나보다 술을 몇 잔 더 마시거나 마약을 더하는 것이 유일한 위안이었다. 자가 진단을 통해 알코올중독 증세가 비교적 분명하다는 사실을 느꼈지만 그렇다고 상황을 바꾸지는 못했다. 불안한 상태에서 우울한 기분이 지속되었고, 정신적·물리적 자기 공격으로부터 스스로를 보호할 수 없는 상태에 빠졌다. 거의 온종일 감정적으로 고립된 삶을 살고 있었다.

나는 결국 심리상담가에게 수년째 폭주를 하고 있으며 통제 불능 상태로 들어설까 봐 두렵다고 토로했다. 어느 순간에는 탈출할 수 없는 덫에 걸리고 말 것 같다는 두려움도 말이다.

이런 이유로 처음에는 술의 양을 줄여 보려 했다. 그 이면에는 '앞으로 어떻게 살 것인지, 생각해 볼 시간을 갖자'는 의도가 깔려 있었다. 실험이라고 하면 실험일 수 있는 이 기간은 6개월 정도 계속되었다. 내가 기억하는 한 가장 괴로웠던 몇 달이었다. 일주일에 두 번, 딱 네 잔의 와인만 허락하기로 한 것이다. 이때까지만 해도 내가 원하기만 하면 술 조절 따위는 전혀 문제가 되지 않을 거라고 생각했다. 그렇게 일주일에 두 번 얼큰하게 취하는 것으로 만족하기로 한 것이다. 술을 계속 마시면서 만족스러운 삶을 이어 갈 수 있다는 점에서 상당히 괜찮은 방식 같았다.

하지만 확실하게 술을 위험 요소로 인정하고 자신만만하게 결심했음에도 술에 대해 생각했다. 아니, 솔직히 말하면 언제나 술을 생각하고 있었다. 술을 마시는 대신 나에게 주어진 이틀을 누구와 언제 술을 마실지, 소중한 '술 시간'을 허비하지 않기 위해 어떤 날을 고르는 게 좋을지 고심을 거듭하고 있었다. 약속을 정했다가 취소하고 재조정하기를 반복하며 일주일 내내 머리를 짜냈다. 그래도 나는 알코올 문제를 성공적으로 풀어 가고 있으며 삶의 조화를 되찾고 있다고 여겼다.

돌아보면 그 시절은 알코올성 광기로 점철된 반년이었다. 시간이 지나면서 하룻밤에 네 잔이라는 규칙을 어기고 아침이 올 때까지 진탕 퍼마셨다. 예전과 똑같이 술에 찌든 밤이 쌓여 갔다. 통제가 완전히 풀려 버린 저녁들, 다음 날 아침이면 누구와 마셨는지도 기억할 수 없는 시간들. 누군가는 마치 물처럼 술을 들이켜며 온갖 걸 삼키는 내 모습에 경악하고는 다음 날 그 얘기를 내게 전해 줬다. 나는 점점 더 통제할 수 없이 폭력적으로 술에 빠져들었다. 내가 기억하는 당시의 6개월은 집요하고도 강렬한 불행의 느낌에 사로잡혔던 때다.

술과 함께했던 내 생활들을 떠올리면 극단적인 장면이 떠오른다. 회사 사무실에 앉아 하루가 어서 지나가기를 절망적으로 기도하던 모습. 마시다가 잠드는 바람에 소파에서 엉망인 채 한밤중에 깨어나던 모습. 알코올성 수면 장애로 새벽녘 다시금 억지로 잠을 청하던 모습. 숙취에 시달리며 비행기 안에서 토하지 않으려고 안간힘을 쓰던 모습. 간밤에 누구에게 전화하고 문자를 보냈는지 몰라 두려움에 떨며 살피던 모습. 혹은 내가 또 무슨 일을 저질렀는지 알아보기 위해 휴대폰을 찾아 헤매는 모습. 아침에 물 한 잔을 마시면서 그날 하루가 어떨지 점치던 모습—물이 몸으로 흡수된다면 그날은 괜찮은 날이고 마시자마자 토해야 된다면 하루가 엉망이 될 것이었다—. 몇 명의 술친구와 또 다른 파티로 이동하다 더 이상 마실 수 없을 정도로 취했다는 걸 느낀 모습. 코카인에 완전히 절어 잠들지 못한 채 아침 해가 떠오르는 것을 바라보며 다음 날, 그 다음 날도 삶이 지속될 거라는 생각에 자살 충동으로 몸을 떨던 모습. 아파트 침실에서 깨어나 지난밤에 난 상처를 보며 왜 그랬는지를 몰라 고심하는 모습. 서서히 식어 가는 욕조에 누워 지독한 두통에 시달리며 시체처럼 있던 모습. 미친 듯이 어디론가 사라지거나 숨어 버리고 싶던 모습.

내면이 죽은 느낌을 묘사하기란 쉽지 않다. 멀쩡한 얼굴로 동료들 또는 친구들과 시간을 보내고 직업적인 일로 모임이나 파티에 참석하면서도 아무런 감흥도 느낄 수 없다는 것. 삶을 더 이상 꾸려 갈 수 없을 것 같고 느닷없이 나쁜 일이 벌어질 것 같은 으스스한 느낌. 무슨 일이 생기면 감정적으로만 반응해 상황을 더 악화시킬 것 같은 두려움에 시달리는 것. 아무런 희망도 없는 연인과의 관계를 끝내지 못하는 것이라고밖에는 설명할 수 없다.

어른이라면 직업적 활동이나 사회적 의무를 위해 책임 있는 성인이 되어야 한다. 상대를 배려하는 모습을 보여야 한다. 하지만 마음 깊은 곳에서는 어떤 공감도 느낄 수 없었다. 완전히 솔직하게 말하면 하고 싶은 일이라고는 술 마시는 일뿐이었다. 사실 술을 마시지 않는 사람과는 말도 섞기 싫고, 극장도 공연장도 전시회도 가고 싶지 않으며, 사랑도 하고 싶지 않았다.

술에 절어 있던 날들, 특히 마지막 시절을 떠올리면 나는 그때 겪었던 극단적인 자기 상실감이 떠올라 몸서리쳐진다. 마치 술꾼과 술꾼이 아닌, 두 개의 자아가 공존하는 듯한 분열감 때문이다. 거기엔 항상 두 개의 진실이 있었다. 이곳에는 절망과 우울함이, 저곳에는 완벽히 정상적인 삶이 놓여 있었다. 두 모습 모두 뉴욕의 파크 슬로프와 맨해튼, 이후에는 베를린—노이쾰른의 집과 사무실이 있는 베를린—과 미테 사이를 출퇴근하던 내 안에 있었다. 그사이 나는 오랫동안 같이 살던 파트너와 결별했다. 대신 친구나 가족과 대화를 나누며 내 이름으로 작사를 하고 다른 아파트로 이사를 했다. 쇼핑도 하고 일도 하며 계획을 세우기도 했다. 이 두 개의 자아 사이에 가장 중요한 차이가 있다. 술을 마시지 않는 자아는 술로 인한 심각한 문제가 도사리고 있다는 걸 인식하는 반면, 다른 자아는 현실의 진실을 외면하며 다른 자아를 누를 수 있는 더 큰 힘을 발휘한다는 점이었다.

자신과 다른 사람에게 말하는 모든 절반의 진실, 모든 거짓은 자신이 진정 누군지 알 수 없게 될 때까지 내면의 실체를 좀먹는다. 술을 마시지 않는 자아의 모든 논리 그것이 지탱해왔던 삶은 뒷걸음치고, 스스로 믿고 있는 절반의 진실을 담은 이야기가 서서히 내면의 기반을 흔드는 것이다.

내가 술을 더 빨리 끊었더라면 무슨 일이 일어났을지 종종 궁금할 때가 있다. 흰머리가 덜 났을까? 선크림을 더 자주 사용했더라면 눈가의 주름이나 팔의 반점이 지금보다 적을까? 친구들이 지금보다 많아지고 더 행복한 가정생활을 누리고 있을까? 돈도 더 많이 벌었을까? 심리적 갈등도 순조롭게 해결하고 지금보다 밝은 현재를 누리고 있을까? 삶의 동반자도 찾았을까? 잘 모르겠다. 게다가 그런 질문들이 이제는 어리석은 질문들이란 걸 잘 안다. 그럼에도 나는 질문을 멈출 수가 없다. 왜 더 빨리 술을 끊지 않았을까?

술을 끊기 한 달 전의 내 삶은 2년 전과 조금도 다르지 않았다. 나는 같은 사람들을 만나 같은 사무실에 갔다. 같은 술집이나 클럽에 다녔고, 집으로 돌아가 매번 같은 TV 프로그램을 시청했다. 늘 같은 생각을 하고 같은 얘기를 하며 같은 문제로 불평하고 자기 연민이나 자기만족에 잠기곤 했다. 자신이 이 세상을 살아가기에 너무 똑똑하거나 복잡한 사람이란 느낌에 빠져 있었다.

하지만 가끔씩 나는 나의 불행이 훨씬 더 많이 술과 관련 있다고 직감했다. 몇 주에 한 번씩 반복되던, 술 때문에 의식을 잃거나 부끄러운 짓을 하고 난 어느 시점에서 나는 술을 완전히 끊는 것 외에는 다른 방법이 없다는 걸 깨달았다. 이후 죄의식으로 하루를 채우기도 하고 때로는 짧고 긴 금주로 이어지기도 했지만 술을 완전히 끊겠다는 실질적인 결심으로는 연결되지 않았다. 나의 결심들은 대개 아무 쓸모가 없었다. 마지막을 제외하고는.

　내가 마지막으로 술을 마신 날은 2011년의 어느 여름날 베를린의 호페가르텐의 경마장에서다. 알렉산더플라츠역에서 11시에 친구를 만나 기차를 타고 경마장에 갔다. 나는 출판사에서 근무하는 친구의 프로젝트 덕분에 VIP 지정석에 앉을 수 있었다. 우리 둘 다 전날 밤 술을 마셨지만, 숙취에 시달리는 건 나뿐이었다.

　전날 밤 친구 생일 파티가 있었다. 적당히 마시고 일찍 귀가하려던 계획은 무참히 깨져 결국 새벽까지 마시고 말았다. 지독한 술꾼들은 새벽 5시가 되어서야 각자 집으로 돌아갔다. 파티장 여기저기에 몇 그램씩의 코카인이 보였고 나는 반시간마다 화장실을 들락거리며 마약을 흡입했다. 몇 년 전 뉴욕을 떠나오면서 다시는 하지 않기로 한 짓을 스스럼없이 한 것이다.

　그날 저녁 11개월 동안 술을 끊었던 친구도 무너졌다. 한 손에 술잔을 들고 화장실로 들어와 우리와 같이 마약을 하고 있는 그를 봤을 때 내가 느낀 처참한 슬픔을 나는 아직도 잊지 못한다. 참으로 어리석은 짓을 저질렀다는 걸 알면서도 내가 해 줄 수 있는 일이란 아무것도 없었다. 그는 마치 이 일을 오래전부터 계획했다는 듯이 행동했다. 마약을 했든, 하지 않았든 수천 번이나 겪은 밤의 풍경이었다. 지갑에서 돈을 꺼내듯 자연스럽게 술과 마약을 하는 내가 보였다.

집으로 돌아와 침대에 널브러졌을 때 시끄러운 아침 새소리가 울려 퍼졌고 '왜 또다시 이런 짓을 했을까'라는 후회와 자괴감에 괴로웠다. 부스스 일어나 호페가르텐으로 가는 기차 안에서 내가 이런 감정을 토로하자 그녀는 지하철이란 걸 잊은 듯이 박장대소를 터트렸다. 그녀도 잘 알고 있는 레퍼토리였던 거다. 자신도 그럴 때가 있고 그렇다고 해서 이렇게까지 진지할 필요는 없다는 거였다.

VIP 지정석에 도착한 정오부터 우리는 샴페인을 마시기 시작했다. 우리 둘 다 술이라면 일가견이 있었다. 첫잔을 마시자 죽을 듯이 몰려오던 숙취가 가라앉았다. 이내 기분이 좋아지는 걸 느꼈다. 하지만 마시면 마실수록 오늘은 왠지 취할 수 없을 것 같았다. '이렇게는 아니다. 이제 더 이상은 이렇게 해서는 안 될 것 같다'는 극도의 불안감 때문이었다. 이유는 알 수 없었다. 두세 병의 포도주를 각자 비우며 저녁때까지 부어라 마셔라를 즐겼지만 그날 저녁 술은 나에게 더 이상 효력을 발휘하지 못하는 것처럼 느껴졌다.

사실 취한 사람은 우리뿐만이 아니었다. 우리 주위의 수백 명의 관중은 마치 집단 환각에 빠지기라도 한 듯 보였다. 때때로 찢어질 듯한 고성이나 저속한 농담이 군중석에서 들려왔고 분위기는 점점 땀과 흥으로 고조되고 얼룩졌다. 질투가 뒤섞인 실랑이 소리와 누군가 구토하는 소리가 들려오는 일요일 오후의 풍경.

그들은 '미신'이나 '밤의 마법' 같은 괴상한 이름을 가진 경마들을 가까이 둘러보며 내기를 걸기도 했다. 우리도 각자 응원하는 말의 이름을 부르며 환호성을 질렀다. 주위에는 챙 모자를 쓴 여자들과 나름 비싸고 우아한 옷차림을 했으나 썩 멋있어 보이지 않는 남자들이 가득했다. 그들은 소리를 지르며 웃고 있었지만 행복해 보이지는 않았다. 아니면 내 눈에만 그렇게 비친 건지도 모른다. 나 또한 짙푸른 바다빛의 이탈리아산 여름 재킷을 걸치고 살짝 아이러니하게 보이도록 작은 밀짚모자를 썼지만 그런 나의 의도를 알아채는 이는 아무도 없는 것 같았다.

전체적으로 나무랄 데 없이 멋진 여름날이었다. 날씨는 환
상적이었고 7월 말이지만 그리 덥지 않았다. 나와 친구는 쉬
지 않고 직장 일에 대해 불만을 토로하거나 상사에 대한 험담
을 늘어놓았다. 그날의 경주를 기록한 비디오를 보면 날씨가
얼마나 찬란했는지, 공기는 얼마나 청명하고 나무는 얼마나
푸르렀는지를 알 수 있다. 그 속에는 사람이 거의 등장하지
않는다. 그럼에도 비디오를 바라보고 있으면 몸이 떨렸다. 어
쩐지 무서운 감정이 들었다. '덴마크의 꿈'이라는 이름의 경
주마가 그날 베를린 그랑프리에서 우승을 했지만 그날의 여
러 다른 일과 함께 기억이 나질 않았다.

다만
내가 지금도 기억하는 건
너무나 선명한 느낌이다.
그 변덕스러운 일요일 호페가르텐의 경주장에서
내가 느낀 강렬한 느낌은 멋진 작별 인사였다.

> 내 인생의 커다란,
> 위대한 사랑과의 이별 말이다.

화려하고 성대한 술 파티가 없었더라도 나는 코모 호수에서 열리는 주민 경기 대회나 이스탄불의 그리 중요하지 않은 예술 축제를 취재하러 기꺼이 여행을 자청했을까? 숙취 때문에 기사를 연기하거나 펑크 낸 적이 얼마나 많았던가? 술이 진탕 넘치는 저녁을 내 삶의 한 부분으로 받아들이면서 스스로 위안한 날이 얼마나 많았던가? 날이 어두워진 다음에야 빈 와인병을 유리 재활용 통에다 넣기 위해 얼마나 조심했던가? 가족이 집에 찾아올 때 부엌에 세워 둔 보드카나 과일 브랜디 혹은 병에 남아 있는 술이 너무 적지 않아 보이도록 얼마나 신경을 썼던가? 술을 살 때 다른 사람의 시선을 의식해 오히려 이상한 행동을 한 적이 얼마나 많았던가?

그러는 동안 나의 내면에서는 얼마나 오랫동안 이런 삶을 계속할 것인지 묻는 소리를 들어야 했다. 스스로 감추려 하고 인정하고 싶지 않던 진실, 나는 알코올중독자임을 인정해야

했다. 그렇게 인정하고 나서야 수치심에서 비롯된 여러 행동
을 얼마나 해 왔는지 깨달을 수 있었다.

2장

끝이 보이지 않는 공허함 속에서

나는 과음한 날이면 으레 내 스트레스 탓이라고 치부했다. 나 외에도 술을 마시는 모든 사람이 여러 종류의 스트레스를 처리하기 위해 술을 마신다고 너그럽게 이해했다. 그러다 온몸이 뒤틀리고 음식을 삼키는 일조차 속이 매스꺼워 어려워질 때쯤 작정했다는 각오로 절주에 들어선다. 술에 넌더리 난다는 즉흥적인 마음에 이 주나 삼 주쯤 적당한 양으로, 한 주에 하루 이틀쯤 마시겠다고 결심하는 거다. 하지만 뜨끈한 스프가 위장을 차분히 가라앉혀 주면 곧 그런 결심을 했다는 사실조차 잊은 채 원하는 어느 때든 술을 마시는 나와 마주했다.

레드 와인이 독하게 느껴지면 한동안은 맥주나 샴페인에

빠져들었다. 와인 두 잔을 마시며 물 한 잔을 섞어 마시기도 했다. 그렇게 얼마 못 가 독하게 느껴지던 와인은 쌉쌀한 기분과 어우러진 근사한 음료로, 샴페인은 물보다는 마른 목을 적셔 주는 음료로 찾고 말았다. 집에서 마시지 않기로 한 술 덕분에 밖에서 마시는 날이 늘어나 자정이 되어서야 집에 오게 될 뿐이었다.

주중에는 절대 술을 마시지 않기로 하고 특정한 사람과는 혹은 특정한 시간대에는 술을 마시지 않기로 결심도 해 봤다. 담배를 피우면 술이 생각나니 금연도 결심했다. 하지만 곧 다시 담배를 집어 들었다. 도움이 될 거라는 판단에 요가를 시작했지만 시작과 동시에 끝나고 말았다. 내 의지에 도움이 안 되는 파트너와는 헤어지는 것이 상책이라는 판단으로 이별을 하지만 몇 개월 혹은 반년쯤 뒤 또 다른 새로운 관계가 시작되고, 얼마 되지 않아 과거의 파트너에게 느꼈던 똑같은 중압감을 느끼게 될 뿐이었다.

심리치료사에게 일주일에 세 번 상담을 받으며 가족에 대한 이야기를 털어놓고 무기력함의 원인을 분석하는 것은 어느 정도 도움이 되었다. 내부의 걸림돌이 여전히 존재한다는 것을 알고 있으므로, 나아지고 있는 것인지 스스로 확신할 수 없었다. 사실 이런 상담조차 모든 문제는 술과 관련 있다는 사실을 외면하려는 술수에 불과했다.

지금 내 삶에서 술이 차지하는 문제에 대해서는 어떤 솔직한 대화도, 어떤 질문이나 상의도 하지 않았다. 결국 술을 마시는 세월이 쌓일수록 나는 더 많은 양의 술과 더 많은 날의 술을 마시는 일이 당연해졌다.

> 작은 노력들과 반성,
> 술이 내 삶에 문제를 일으키는
> 여러 증거에도 불구하고
> 한 가지 사실은 분명하다.
> 나는 여전히 술을 마시고 있다.

내 미국인 친구 중 한 명은 술에 취한 채 토크쇼에 출연한 적이 있다. 그녀는 당시 개인적으로나 직업적으로나 힘든 일이 많아서 한두 달가량 술을 많이 마신 상태였다. TV 쇼에 출연하기 위해 스튜디오에 앉아 있는 동안 그녀는 느닷없이 자신이 멀쩡하지 않다는 사실을 사람들이 눈치챘을지도 모른다는 공포감에 사로잡혔다. 분장을 해 주는 메이크업 아티스트의 태도도 이상하게 느껴졌고, 같이 출연한 패널이나 진행자들도 그녀에게서 나는 보드카 냄새를 맡은 것 같았다.

다행히도 그 시간은 무사히 지나갔다. 적당한 선을 지켰고, 통제력을 잃지도 않았고, 혀가 꼬이지도 헛소리를 하지도 않았다. 그런 일이 있고 나서 정신이 번쩍 든 그녀는 며칠 동안은 술을 입에도 대지 않았다. 술을 완전히 끊는 것만이 답이라는 걸 알았기 때문에 금주도 고려했다. 하지만 일주일 후 마음을 바꿨다. 술을 계속 마시기로 한 것이다.

또 다른 지인은 비즈니스 문제로 1년간 기나긴 법정 소송을 했다. 그 기간 동안 그는 서서히 가족과 멀어졌다. 아내와 이혼을 했고, 다음에는 장성한 자녀들이 더 이상 그와 말을 섞지 않으려 했다. 지나치게 술을 마시는 것이 문제라는 사실을 그도 잘 알고 있었다. 숙취 때문에 그는 자주 신경질적이 되었다. 인터넷 검색을 통해서 자신이 알코올중독자의 범위에 들어간다는 사실도 알고 있었다. 그러나 그 사실만으로는 앞으로 무엇을 해야 할지 알 수 없었다.

저녁마다 술을 마시긴 했지만 그는 매우 이름 있는 회사에 근무하며 중요한 직책을 맡고 있었고, 근무 시간을 놓치는 일도 드물었으며, 아침부터 술을 마시지 않기 위해서 자신을 통제할 수 있었다. 그러던 어느 날, 완전히 통제력을 잃을 만큼의 음주 상태에서 차를 몰다 나무와 부딪히는 사고를 겪었다. 온몸의 뼈가 부서질 정도의 큰 사고였지만 술을 끊지 않았다. 오히려 병원에 입원해 있는 6개월 동안 술을 한 방울도 마시지 않았다는 사실 덕분에 자신은 알코올중독자가 아니라고 여겼다.

나는 알고 있었다. 나 역시 이렇게 술을 계속 마시면 알코올 중독자에게 선고되는 사회적 고립과 심각한 성격 장애를 불러올 것을 말이다. 언젠가는 한껏 부풀린 과거의 아픔과 있지도 않은 일들을 조합한 환상 또는 과대망상과 자기 연민에 둘러싸이게 될 것을 말이다. 술이 적셔 준 뇌 회로들은 자신을 위대한 사람으로 탈바꿈시키거나 세상 누구보다 불쌍한 존재로 전락시키는 일을 반복할 것이다. 그렇게 현실 속에서 겨우 버티는 날이 올 것이다. 그저 평범한 일상의 나로 돌아가고 싶은 간절함이 들 때는 이미 돌이킬 수 없는 질병이 온몸을 뒤덮고 난 뒤일 것이다. 막대한 비용으로도 대체할 수 없는 병리적 질병 말이다.

어이없게 들리겠지만 사실이다. 어떤 시점에서 남는 거라곤 히스테리한 삶, 스스로 걸어 들어간 중독성 긴장증밖에 없는 것이다. 일상적으로 느끼는 고통의 원인은 아마도 술 탓이겠지만, 일상의 고뇌와 외로움 그리고 세상에 대한 절망감으로부터 자신을 구원해 줄 수 있는 것도 술밖에 없는 현실.

규칙적으로 술을 많이 마시는 사람은 어떻게든 머릿속 감옥으로부터의 탈출을 애쓴다. 스스로 깨닫지 못하겠지만 술에 대해서만큼은 자신이 정상이라고 느끼기 위해 다시 술을 마신다.

술이 도움이 될 거라는 생각은 위험하다.
하지만 그 생각은 중독자에게 유일하게
남아 있는 에너지이기도 하다.
그러다 그 에너지마저 소진되는 때가 온다.

술 없는 삶은 상상할 수 없지만
술과 함께하는 삶도
상상할 수 없게 되고 마는 시점이 온다.

그 어떤 노력에도 자신과 주변 사람 누구도 미처 깨닫지 못하는 사이에 우리는 조금씩 더 많은 술을 마시게 된다. 어느 순간 반병의 술은 한 병이 된다. 그러면 이내 술을 조금 줄여야겠다는 생각에 다시 반병으로 음주량을 조절하려 애쓴다. 그러나 저녁이 되면 당연하다는 듯 술 한 병을 모두 비워 버린 자신을 발견한다.

여전히 술을 마시면서도 술에 의존하는 것을 두려워하는 사람이라면—아마도 인정하지 못하겠지만—나쁜 습관과 질병의 경계가 어딘지에 대해 고민할 것이다. 정확하게 몇 잔, 어떤 지점에서 보이지 않는 경계를 넘어가게 되는지는 알 수 없다. 그것은 마치 어떤 종류의 딸기, 어떤 종류의 헤이즐넛, 어떤 종류의 꽃가루가 알레르기를 유발하는지에 대한 질문만큼이나 대답하기 어려운 문제다.

내가 술을 끊었다고 말하자 대부분의 친구와 지인은 호들갑을 떤다고 생각했다. 내 간 상태나 건강을 체크한 주치의조차군이 그럴 필요까지는 없다고 말했다. 겉으로 드러나지 않아서인지 내가 지나치게 많이 마신다는 걸 아무도 알지 못했다. 이제 와서 술을 마시던 시절을 떠올리면 그 모든 기억이 다시 되살아난다. 고요한 불행의 느낌과 일상의 바다를 관통하던 우울함, 무언가 잘못되고 있다는 억누르기 힘든 억압감. 그러나 그것이 무엇인지는 끝내 알 수 없었다.

이따금씩 나는 아직도 '내가 술에서 완전히 벗어날 수 있을까, 그때는 언제쯤일까?'라고 질문하곤 한다. 그 이유는 나조차도 술로부터 완전한 구원받게 될 때가 언제인지 정확하게 말할 수 없기 때문이다. 내 경험상 그것은 어디선가 강림하는 것이 아니라 안간힘을 써야만 얻을 수 있는 것이었다. 이 질문을 끝없이 하는 이유 중 한 가지는 다른 사람들 역시 이 점을 가장 궁금해 하기 때문이다.

글을 쓰는 지금도 몹시 불편한 어떤 감정을 느낀다. 그 이유를 나는 안다. 알코올의존증 환자 혹은 중독자였다는 걸 세상에 알린다는 두려움이 마음 한구석을 차지하고 있기 때문이다. 이것조차 반쪽의 진실에 지나지 않는다. 이런 불편함은 내가 경험했던 감정의 한 부분에 지나지 않는다. 오히려 나는 아직도 내가 술을 그리워하거나 술을 마시는 날이 오게 될까 하는 두려움이 더 크다.

술을 마시며 순조롭고 아름다우며 희열에 차 있던 순간들을 기억한다. 내가 구축해 놓은 삶의 허울은 매우 강력했다. 그것들은 내 삶의 한 부분이 되어 어디가 진정한 자아의 시작이고 끝인지 알 수 없게 했다. 술이 만들어 준 허울이야말로 내 삶을 지탱하는 힘이었다.

중독에서 빠져나온 친구들 중에는 드라마틱한 삶을 경험한 이도 많았다. 어떤 친구는 나처럼 15년 이상 술을 마셨고 또 어떤 이는 나보다 적게, 짧은 기간 술을 마셨다. 하지만 마시는 양이나 기간과 상관없이 삶의 바닥과 내면의 죽음을 경험했다. 어떤 이는 가족을 잃었고, 어떤 이는 직장과 집을 잃었다. 술만 마시면 폭력적으로 돌변해 자신과 다른 사람에게 해를 가하는 사람도 있었다. 알코올중독으로 몸이 망가진 이들도 있었다. 지금까지 정신과의사나 법원 판사 혹은 파산 관련 기관에 매달려 겨우 연명하는 이도 있다.

다시 한 번 내 삶을 가까이 들여다보는 건 쉽지 않은 일이다. 여전히 나는 알코올의존증이라는 과거의 불행을 내 인생의 한 부분으로 기록하는 일에 어려움을 느끼고 있다. 자신의 삶을 기록한다는 건 어쩌면 자기모순을 완화시키고, 타협할 수 있는 이야기를 창조하는 작업이니까.

대부분의 주말을 차가운 물이 담긴 욕조 안에서 숙취의 고통에 떨며 보내던 남자와 현재 자유로운 삶을 누리며 자신의 일을 즐기는 남자—거의 매일 저녁 친구들과 외식을 하거나 오랫동안의 요가 활동으로 물구나무도 거뜬히 서며, 여행이나 독서, 극장 나들이, 오페라 등을 즐기며 사는 남자—사이에는 어떤 연관성도 찾을 수 없다. 알코올에 찌든 나의 과거는 현재의 삶 어디에도 설 자리가 없다. 그 시간들이 모두 지났다는 사실에 나는 얼마나 큰 안도와 행복을 느끼는지 모른다. 내 마음속에는 실제로 일어났던 사건들과 알코올에 빠져 있었다는 불행의 과거를 부정하고 싶은 자아가 있다. 그런 삶이 얼마나 비참했는지 또 얼마나 최악이었는지 떠올리고 싶지 않은 내가 있다.

어쩌면 당신은 알코올중독자가 길거리에서 술을 들이켜거나 재활원 여기저기를 방황하며 재발을 거듭하는 사람이라고 생각할지 모른다. 하지만 실제로 술을 많이 마시는 사람들 중 이런 증세를 가진 사람은 매우 극소수다. 술을 많이 마시는 사람도 얼마든지 많은 일을 할 수 있다. 오히려 자신의 역할을 충실히 소화하는 알코올중독자를 어디서나 볼 수 있다. 법률 회사나 편집부, 교무실이나 공사장, 미장원이나 슈퍼마켓 계산대, 건축 사무소나 연방국회 사무소 등 어디에나 알코올중독자가 있다. 이들 중에는 가족을 일군 사람도 많으며 학교의 학부모 모임에서도, 영화관이나 주말의 소풍 장소, 친구의 결혼식에서도 쉽게 마주칠 수 있다.

어마어마한 성공을 거두고서도 심각하게 술에 빠져 사는 사람도 많다. 겉으로 보면 생산적이고 그럴싸한 삶을 살고 있는 것 같지만, 뒤로는 끊임없이 이를 악물고 버티는 고단한 삶을 사는 사람들이다. 그들은 보이지 않는 전쟁터에서 살고 있는 자신을 위로하기 위해 술에 손을 뻗는다.

누구든 처음에는 음주 습관을 스스로 조절하려 한다. 그러나 대개의 사람들이 술을 대하는 방식은, 정말로 심각한 상황이 될 때까지 서로를 방치하는 부부와 같다. 어떤 이들은 인생의 말미에 알코올중독자가 되고 어떤 이들은 중년에, 또 어떤 사람들은 일찍이 중독 증세를 보인다. 사람들은 술에 어느 정도 중독이 된 채로도 수명을 다할 때까지 늙어 갈 수 있다고 믿는다. 하지만 병리학적·정서적 혼란을 드러내며 알코올중독에서 파생된 암에 걸리거나 간 질환, 심장계 질환에 시달리는 사람이 너무나 많다. 어떤 이들은 죽어 가고 삶의 어떤 시점에서 자살을 선택하기도 한다.

지금까지 별다른 부작용 없이 종종 매우 행복하게, 어떤 변화의 필요성도 느끼지 못하며 음주 생활을 즐기는 사람이 많다. 어떤 이는 간간이 술을 마시며 서서히 알코올중독자가 될 때까지 술을 마시기도 한다. 그렇게 살다가 40대, 50대 혹은 60대가 되어서야 자신이 알코올의존증의 막다른 골목에 와 있다는 사실을 깨닫는다.

결국 지금 현재 어떤 모습으로 술을 마시고 있느냐의 차이일 뿐, 술이 데려다 놓는 끝은 모두 같다. 이 막다른 골목에 다다르면 의사의 조언이나 가족의 도움이 있어도 탈출할 길이 보이지 않는다. 술에 의존하는 삶으로 미끄러져 가는 동안 자신이 정상적인 음주 습관으로 돌아올 수 있는 지점을 지나고 있다는 걸 알아차리는 사람은 거의 없다.

술은 경고의 목소리를 튕겨 내는 방어막을 곧잘 치곤 한다. 언제나 술을 마셔야 할 이유를 대는 것이다. 다음 잔을 마셔야 할 이유는 늘 충분하다. 자신이 문제가 없다는 걸 증명하기 위해 과잉 논리로 무장하지만 사실 우리가 문제없다는 걸 증명하기 위해서는 그다지 많은 논리가 필요 없다. 저절로 중독자가 되는 건 아니다. 하지만 지나치게 많이, 계속 마시다 보면 결국 중독이 될 수밖에 없다. 어떤 사람은 몇 년 내에 중독자가 되고, 어떤 사람은 몇 십 년이 지나 중독자가 되는 차이일 뿐이다.

널리 퍼진 악의적인 편견 중 하나가 알코올중독에 걸리는 사람은 정신적으로 문제가 있거나 어린 시절 트라우마를 겪었다는 생각이다. 다시 말해 알코올이 의존증으로 이어지는 것이 아니라 특정인이 가진 심리적·병리학적 원인이 알코올 의존증으로 연결된다는 것이다. 이런 논리는 개인에게 치욕 스러운 낙인을 교묘하게 찍는 것뿐 아니라 술을 마시는 사람 에게도 내밀한 질문을 하게 만든다. 술을 마시면서 모든 불행 이 발생하고 심리적 극단에 이르게 된 것인지, 아니면 내 안 에 원래부터 있던 심리적 문제가 이 상황을 만들어 낸 것인지 자문하게 되는 것이다. 술은 자기기만을 언제나 동반하기에 수년 동안 지나치게 마시다 보면 이전의 내가 어떤 사람이었 는지조차 진실에 근거해 말하기 어려워진다.

3장

스스로 통제할 수 없는 명확한 질병

어떤 방식으로든, 시간이 얼마나 소요되었든, 질병이 되면 남은 선택은 단 하나밖에 없다. 술을 끊거나 죽는 것이다.

중독자들이 자신의 삶이 바닥에 닿았다고 느끼는 이유도 이 점 때문이다. 갑자기 분명한 깨달음에 직면하게 되는 것이다. 계속 술을 마시다가 죽거나 술을 끊고 살거나 둘 중 하나밖에 없다는 사실 말이다. 습관적으로 오랫동안 지나치게 술을 마시는 건 죽음에 대한 욕구와 끝없이 싸우는 것과 같다. 그러다 그 욕망을 어찌해야 할지 결정해야만 하는 순간이 분명 오는 것이다.

중독자들은 자신이 돌이킬 수 없는 만성 뇌 질병에 걸렸다는 사실, 병의 원인이 곧 해결책인 질병에 걸렸다는 사실을 모른다. 음주는 논리와는 정반대의 입장에 있기에 논리와 이성이 아무 소용이 없다. 자신이 너무 많이 마신다는 사실을 아는 것 역시 아무 도움이 되지 않는다. 스스로에게 문제가 있다는 사실을 자각한다고 해서 술을 적게 마시는 것도 아니다. 자신이 왜 술을 마시는지 분석한다고 해서 술을 끊는 것도 아니다.

> 술을 끊으려면
> 그만 마시는 수밖에 없다.
> '왜'라는 질문에 대한 답변은 항상 같다.
> 술을 마시는 데는 어떠한 심리적 이유도 없다.
> 누설해야 할 비밀이 있는 것도 아니다.
> 술주정뱅이가 술을 마시는 것은
> 중독되었기 때문이다.

알코올중독증은 당뇨병과 같이 흔한 질병이다. 그저 늦게

중독되는 사람이 있고 마시면 바로 중독되는 사람이 있는 질병이다. 우리 주변에도 술을 자제해야 하지만 몇 잔의 술이 들어가면 더 이상 멈추지 못하거나 와인 한 병을 마시지 않고서는 저녁을 보낼 수 없는 사람이 적지 않다. 파티나 모임에서 부끄러운 일을 저지르는 횟수가 쌓여 가는 이런 사람들을 우리는 가까이에서 흔히 볼 수 있다. 이들은 나일 수도 가족일 수도 배우자나 친구, 지인일 수도 있다. 그 수는 놀라울 정도로 많다. 그렇지만 대부분 결코 자신이 알코올중독이나 의존증에 속한다고 생각하지 않는다. 오히려 알코올중독에서 멀리 떨어진, 안전지대에 있는 사람이라고 생각한다.

의존증이란 애초에 자신이 그런 질병을 가지고 있지 않다고 항변하는 질병이다. 이 병은 자신을 포함한 모든 이에게 그렇게 말하도록 만든다. 의존증은 자기기만을 뿌리로 둔다. 이 자기기만은 거대한 속임수다. 자신의 마음에 들지 않는 특정 부분은 부정하고, 해결할 수 없을 것 같은 문제에는 눈을 감아 버린다. 스스로에 대한 이야기를 지어 내도록 만든다. 자기기만이 심해질수록 그 이미지는 놀라울 정도로 오래 유지할 수 있다. 자기기만은 망가진 작은 세계를 창조해 낸다.

이곳에서 술꾼은 거역할 수 없는 위대한 전문가가 된다. 그 안에서 술을 계속 마시며 임계점에 도달할 때까지 아무에게 도 들키지 않도록 자신의 일상과 일을 관리해 간다.

자기기만에 더 쉽게 빠지는 이유는 그것을 든든하게 지원 해 주는 주변 환경 때문이다. 스스로에게 거짓말할 때조차 절 대 혼자가 아니다. 알코올중독증은 인류학적으로 지속성을 가지고 있으며 과거 연구를 통해 어느 시대, 어느 나라에서든 광범위하게 진행되어 왔다는 걸 알 수 있다.

미국 작가인 시리 허스트베트는 신경 장애에 관한 책『덜덜 떠는 여자Shaking women』에서 정신적·신경학적 질병의 기본 문 제를 분석했다. 의존증도 그중 하나였다. 이 책은 우리가 스 스로에 대해 가지고 있던 논리를 뿌리째 흔든다. 의지란 우리 가 확신할 수 있는 것이 아니라는 결론은 자신에 대한 이해의 근간을 흔들어 놓겠지만 진실임에는 틀림없다.

주변에는 우리보다 술을 더 많이 마시는 친구나 동료, 배 우자가 분명히 있다. 파티를 즐길 수 있는 사람은 언제든 찾 을 수 있다. 이들과 함께 알코올중독이라는 사실을 망각하고,

술을 마실 수 있는 확실한 이유와 드라마틱한 상황도 얼마든지 꾸며 낼 수 있다. 분명히 나와 가까운 주정뱅이들 중에서도 자신이 술 문제를 안고 있다는 사실을 인정하는 사람은 거의 없을 것이다. 이들은 항상 자신들이 사교 생활이나 인생을 즐기기 위해 술을 마시며, 업무상 꼭 필요한 인간관계 때문에 간혹 술을 지나치게 마실 뿐이라고 이야기한다.

우리 모두는 각자의 주변 사람과는
너무나 동 떨어진 알코올중독의 이미지를
머릿속에 갖고 있다.

나 역시 오랫동안 그랬던 것처럼.

물론 이런 자기기만의 전략은 나름의 의미가 있다. 미국의 수필가 조안 디디움은 그녀의 에세이에서 '알코올의존증이 가져다주는 무기력함에 대처하기 위한 대안은 자기기만의 일상화'뿐이라고 말했다.

　그렇다. 이런 자기기만의 감정은 얼마간은 지속적인 위기 상황에서 치욕스러움과 잃어버린 희망과 내면에 도사린 죄의식과 괴로운 양심 등을 극복하기 위한 최고의 전략이 되어 준다. 또한 얼마간은 걱정스런 눈빛으로 내 일상을 묻거나 술에 대해 나를 떠보는 사람과의 논쟁이나 대화를 피할 수 있는 가장 좋은 방법이 되어 준다. 하지만 자기기만의 비용은 비싸다. 그 대가로 지불해야 하는 건 다름 아닌 자신의 진실성이다.

　우리 대부분은 알코올의존증이 갖고 있는 불편한 진실을 회피하고 싶어 한다. 내가 수용할 수 있는 '의존증'과 도저히 받아들일 수 없는 '중독증'을 구별하려 애쓴다. 나 역시 나에게 일어나고 있던 현실적이고 충격적인 상태를 모른 척하려는 하나의 시도에 지나지 않았다. 의존증을 있는 그대로 받아들이는 건 나로서는 견딜 수 없는 일이었다. 오랫동안 나는 술에 대해 농담을 하거나 술에 얽힌 환상적인 일화를 낭만적으로 포장해 내 개인적인 알코올 문제를 웃기는 영웅담으로 미화시켜 왔다.

의학적인 관점에서 보면 알코올 남용이나 의존증 그리고 중독증은 섞여 있다. 그 의미를 확실히 구별하는 건 거의 불가능하다. 알코올중독증은 카멜레온과 같은 특성을 가지고 있기 때문에 외부인이 보기에도, 알코올중독자 자신이 보기에도 확실히 구별하기 힘들다. 담배나 헤로인 같은 종류의 중독과는 달리, 술은 중독 증세가 곧바로 드러나지 않는다. 다시 말해 적게 마시기도 많이 마시기도 하고, 아무것도 마시지 않는 날도 지나치게 많이 마시는 날도 있다는 것이다.

다른 만성질환과 달리 알코올중독증은 분명하게 진단하기 어려운 점이 꽤 많다. 술에 대해 조절 능력을 잃은 탓에 이런저런 문제가 발생해도 신체적으로는 망가지지 않고 오랫동안 술을 마실 수 있다. 아무 문제없는 척 살 수 있는 것도 바로 이런 이유 때문이다. 그러다 보니 알코올의존증이 자신의 삶속에 자연스럽게 녹아들어서 견딜 수 없을 때가 올 때까지는 불안감도 크게 느끼지도 못한다.

당신도 어쩌면 다른 평균적인 알코올 질병 환자와 마찬가지로, 가족과 직장 그리고 주위 친구들의 삶을 황폐하게 만들

고 있다는 사실을 스스로 깨닫기 전까지 알지 못할지도 모른
다. 아침에 숙취와 끊긴 기억을 안고 깨어나는 일을 되풀이하
기 전까지 말이다. 자신이 원치 않은 삶을 살고 있으며 그것
을 바꿀 힘이 없다는 걸 깨닫기 전까지 말이다. 당신이 가장
소중한 사람에게 가장 큰 고통을 주고 있다는 사실을 깨닫
기 전까지 말이다. 알코올중독은 어떤 경우에도 태연함을 가
장한 질병이기 때문이다.

친척이나 친구들, 여러 지인은 인생이 망가지는 걸 잘 알면
서도 어째서 알코올중독자들이 술을 계속 마시는지 내게 묻
곤 했다. 이들이 보기에 술주정뱅이는 내면의 광기나 일상에
서 일어나는 하찮은 충돌조차 견디지 못하는 성격 장애를 가
지고 있으며, 그것을 알코올중독의 원인쯤으로 보고 있었다.
혹은 이런저런 수양으로 치유될 수 있는 자기 성찰의 문제로
여기고 있었다.

하지만 알코올의존증은 흉악한 질병이다. 그것은 단지 모
든 신뢰와 관계를 망가뜨리며 가족을 갈가리 찢어 놓는 것으
로 그치지 않는다. 문제를 안은 채 살아갈 수 있으며 상실을
감당할 수 있다고 아무리 자위하고 스스로 조절할 수 있는 척

해도, 결코 환자 본인이 통제할 수 없는 명확한 질병이기 때문이다.

1980년대까지만 해도 알코올의존증은 질병이 아니라 신경증이나 스트레스 내성 결핍 혹은 감정적 미숙함이나 소아병과 관련된 기존의 성격 장애 중 하나라는 믿음이 퍼져 있었다. 최근의 신경생물학 연구와 장기간의 사회학적 연구 결과를 통해 이런 관점은 서서히 변화되었다. 그러면서 의존적인 성격이 따로 존재하지 않는다는 사실이 분명해졌다. 심각한 음주의 심리적 원인과 결과에 대한 장기간의 연구 덕분이었다.

현존하는 모든 연구 중 가장 오래된 연구 프로젝트인 그랜트 연구는 하버드 대학에서 시작되었다. 그 실험에는 당시 미국에서 특권층이라고 할 수 있던 268명의 남성이 포함되었다. 연구에서 피실험자 모두는 부유한 백인이었으며 미래가 촉망되는 학생들이었다. 이들은 정기적인 방문과 인터뷰를 통해 건강과 인간관계, 직업과 삶의 만족도에 관한 질문을 받았ㅡ현재에도 이 연구는 계속되고 있으며 병원 기록이나 법률적 사안을 비롯해 비실험자들의 친척이나 동료까지도 관찰의 범위 안에 포함하고 있다—. 이 연구의 목적은 행복한 삶을 가능하게 하는 조건이 무엇인지 탐구하는 것이었다. 인간과 행복을 연결하며 얻은 결과는 무수히 많았다. 그중의 놀라운 건 알코올 남용과 심한 의존증, 음주 행동이 각자의 삶에 얼마나 커다란 영향을 미치는가에 관한 것이었다. 이 실험의 대상자 대부분이 성인이 될수록 급격한 음주량 증가를 보였다. 그것은 불안과 우울, 관계 파탄이나 노년의 외로움을 나타내는 가장 의미 있는 신호이기도 했다. 우울증에 시달리던 남성의 44퍼센트는 알코올중독자가 되었다.

그랜트 연구는 알코올중독이 질병이며 심각한 문제로 인식되기 훨씬 전부터 시작되었다. 연구 결과는 식습관과 음주 습관에 대한 질문과 더불어 알코올의존증과 관련된 다양한 육체적, 정신적, 사회적 문제를 추출해 냈다. 이 연구에서 특히 의미 있는 내용은 의존증이 질병인지 혹은 증세에 지나지 않는 것인지에 대한 답을 줬다는 점이다.

그랜트의 장기적 연구 자료는 상상을 넘어 분명한 지표를 보여 줬다. 대학을 다니는 동안 미래의 알코올중독자들은 정상적인 음주인과 하등 다를 바가 없었다. 처음에는 연구에 참여한 술을 많이 마시는 피실험자들 중—45세 이후로 술에 대한 절제를 잃은 사람은 58퍼센트에 달했다—심각한 인격 장애를 가진 사람이 아무도 없었다. 물론 초기부터 관계를 맺는 데 어려움을 느끼거나 불안과 공격성을 보이며 열정이 없는 듯한 모습을 보이는 학생도 꽤 있었다. 그렇지만 이 점이 이후 알코올중독자가 되는 데 중요한 역할을 하는 지표는 아니었다.

위의 증세는 피실험자들이 지나치게 술을 마시자 곧바로 나타나기 시작했다. 그랜트 연구에서 미래의 알코올중독자와 정상적인 음주가를 구분하는 차이점은 단 두 가지밖에 없었다. 하나는 미래의 알코올중독자들은 알코올에 훨씬 관대한 태도를 보였다는 것이다. 다른 하나는 미래의 알코올의존증 환자들은 어른들의 술 취한 모습이 익숙한 사회적 환경에서 자란 경우가 많았다는 점이다.

조지 베일런트가 알코올중독을 질병이라고 단정하는 가장 핵심적인 근거는 다른 만성 질병과 마찬가지로 이 또한 죽음으로 이어질 수 있다는 점 때문이다. 그랜트 연구 대상이었던 268명의 남성 중에는 아직도 생존자가 4분의 1가량 남아 있다. 이들은 벌써 90세가 넘었다. 이들 중 오랜 시간에 걸쳐 술을 많이 마신 사람은 없었다. 술을 많이 마시는 사람은 평균적으로 17년 빨리 사망에 이르렀다. 베일런트에 따르면 알코올중독이 결국 질병이라는 명징한 징후를 드러낸 것이다.

미국 작가인 존 치버는 술과 중독에 대한 그의 생각을 간결한 언어로 표현했다. 존이 술을 끊은 것은 63세가 다 되어서였다. 술을 끊고 나서 그가 좀 더 나은 사람이나 작가가 되었다고는 할 수 없을지 모른다. 하지만 그가 기억하는 한 금주가 가장 행복한 삶의 종말로 갈 수 있도록 해 줬다는 사실은 분명했다. 존은 술을 끊은 후의 경험을 여러 글을 통해 남겼다.

"친구들은 삶의 모든 것이 순리에 따라 흘러간다고 내게 말했다. 아이들은 각자 가정을 이루었고 가진 돈으로 적당히 투자도 했으니 여생을 평화롭게 술이나 마시다 가겠다고 했다. 그렇게 말했던 친구 중 한 명은 위스키를 마시다 기도가 막혀 죽었다. 다른 친구는 절벽에서 뛰어내렸다. 한 친구는 집에 불을 질러 자신과 아이들이 모두 타 죽었다. 여전히 환자복을 입고 사는 친구도 있다. 한동안 나는 그렇게 삶이 흘러

가는 것이 너무도 당연하며, 가을에 낙엽이 떨어지듯 자연스러운 것이라고까지 생각했다. 죽도록 술을 마시고 있다는 걸 스스로 깨닫기 전까지 나는 죽을 때까지 술을 마시는 게 하나도 놀라운 일이 아니라고 생각하고 있었다."

4장

수치심이라는 가면

지금까지도 나는 술을 끊은 직후의 두 번의 겨울을 기억한다. 나는 담배를 끊으려고 발버둥 치고 있었다. 담배가 술 생각을 더 간절하게 만드는 탓도 있었지만 술을 끊고 난 후에 담배를 더 많이 피우고 있는 나를 발견했다. 담배는 금주 후의 불쾌한 기분을 잠재워 주고 살이 찌는 걸 막아 주는 데 어느 정도 효과가 있었다. 다른 면에서 보면 깨닫지 못하는 사이 내가 갖고 있던 의존이 담배로 옮겨 간 것이었다.

이전에도 나는 자주 아픈 상태에 놓여 있으면서도 담배를 끊지도, 흡연량을 줄이지도 못했다. 바깥 온도가 5도 이하가 되면 거의 매주 감기약을 사야 했는데도 말이다. 한 번은 감기약을 사러 들른 약국에서 약사와 담배 얘기를 나눴다. 그녀는 슬쩍 웃음을 띠며 담배를 끊기 위해서는 여러 단계가 필요하다고 말했다. 자신도 열 번이나 시도한 끝에 겨우 금연에 성공했다고 했다.

> "행운을 빌어요.
> 이건 알코올중독에서
> 빠져나오는 것만큼이나 힘들지요⋯."

그 말에 나는 얼굴이 약간 벌게져 허허 하며 웃었다. 그녀 자신도 자신이 내뱉은 말에 당황했는지 이내 얼굴을 붉혔다.

그녀와의 이 대화는 한동안 내 머릿속을 떠나지 않았다. 지금까지도 기억할 정도다. 금연과 금주를 비교했다는 사실 때문만은 아니었다. 담배 한 대, 술 한 잔만으로도 의존증에 꼼짝없이 붙들린다는 점만 봐도 전직 흡연가와 애주가 사이에 많은 공통점이 있다. 일반적으로 우리는 전직 흡연자에게는 긍정적인 태도를 보인다. 니코틴으로부터 해방된 삶을 축하

해 주면서 말이다. 하지만 전직 알코올중독자에게는 마치 사회에서 영원히 격리되어야 할 치명적인 질병에라도 걸린 것마냥 수치심이 뒤섞인 연민이나 거부감을 보인다. 알코올중독이 질병이라는 걸 알고 술을 끊었거나 곧 끊어야겠다고 생각하는 사람들이 타인 앞에서 이런 사실을 숨기게 되는 이유다. 우리는 사람들 앞에서 더 이상 술을 마시지 않겠다고 고백하는 것 자체를 치욕스럽게 여긴다. 알코올중독이 도덕적 실패나 의지력의 나약함과는 상관없다는 게 과학적으로 증명되었음에도 말이다.

어느 친구는 나에게 이렇게 종종 말하곤 했다.

"어떤 사람은 푸른 눈동자를 가지고 태어나고 또 어떤 사람은 술을 마시지 못하게 태어난 것뿐이야."

두 사실을 비교하는 게 맞지도 않지만 굳이 따지면 이 말에 핵심이 있다. 우리가 의지력이나 심리학적·문화적 환경의 희생양이 아니라는 사실 하나는 확실하니까. 말처럼 쉽지는 않지만 적절한 치료와 알코올중독이나 의존증에 대한 정확한 정보를 확보한다면, 알코올의존증에 빠졌더라도 일정 부분 우리 스스로의 힘으로 회복할 수 있다.

나는 수년간 정상적으로 술을 마시지 못한다는 치욕감에 시달려 왔다. 아침에 숙취에 시달리면서 지난밤의 행동에 대한 변명거리를 짜내느라 괴로운 날이 많았다. 술을 끊은 지 수년이 지난 지금도 나는 그 수치심에 시달린다. 술집이나 저녁 식사 자리 혹은 전시 기념회 등에서 누군가 한 잔의 와인을 건네줄 때, "아니, 괜찮습니다"라고 말하기까지 너무나 오랜 시간이 걸렸다. 어째서 술을 더 이상 마시지 않는지를 설명하지 않아도 되기까지도 똑같은 시간이 걸렸다. 술을 마시는 한, 수치심은 내려놓을 수 없는 짐이었다.

집에 와인이 한 병도 없을 때 대개 슈퍼마켓에서 조용히 술을 사곤 했지만 백화점 식료품점이나 와인 숍에서 술을 사는 게 더 좋았다. 수치심을 느끼지 않을 수 있는 공간이었으니 말이다. 보통은 좋은 와인을 사려고 신경을 썼고 성공할 때도 제법 있었는데, 그럴 경우 나는 미식가 흉내를 내곤 했다. 방금 쇼핑백에 넣은 몇 병의 와인을 가리키며 진짜로 좋은 와인인지 판매자에게 물어보고는 약간 쑥스러운 듯이 웃으며 저녁에 손님을 많이 초대했다고 얼버무리곤 했다. 그야말로 스스로 치욕스러움을 느낄 수밖에 없는, 강박적 꼼수가 아닐 수 없었다. 혹시 초대된 손님이 아무것도 들고 오지 않을 수 있으니 적어도 한 사람당 두 병의 와인은 꼭 사야겠다고 결심하는 것도 마찬가지였다. 내가 아니라 손님이 마실 술이 충분해야 한다는 합리화였다.

이런 수치심이 없었다면 나는 술을 끊어야 한다는 생각조차 하지 않았을지 모른다. 이런 수치심이 조금 더 강하거나 빨리 찾아왔다면 술에서 벗어난 이 엄청난 해방감을 훨씬 전부터 누릴 수 있었을 것이다. 내가 오늘 누리는 술 없는 삶이, 안간힘을 써서 통제하고 절제하며 견뎠을 때 찾아드는 게 아니라는 사실을 더 일찍 알았더라면 말이다. 몇 년 전에는 불가능하다고 생각했던 행복을 나는 지금 느낄 수 있고, 느끼며 살고 있다.

약사와의 대화가 그토록 내 머릿속에 오래 남은 건 알코올중독자였다는 고백을 하는 그녀의 말에서 수치심의 뉘앙스가 묻어났기 때문이다. 약국에서 내 의존증, 아니 나의 중독증과 그녀의 중독 사실이 드러난 것 같아 불쾌한 마음이 들었던 날 나는 약국을 나와 담배를 사러 어느 가게에 들렀다. 잘 차려 입은 커플이 나를 따라 가게에 들어섰다. 그들은 큰소리로 말을 주고받기 시작했다. 순간 모두가 불쾌함을 느끼는 듯했다. 부끄러워해야 할 매너 없는 행동이 온몸으로 드러나는데도 마치 아무것도 창피할 것 없다는 듯 당당했다.

"오늘은 뭘 마실까?"

이미 한잔 걸쳤음이 분명했다. 그들의 몸에는 술 냄새와 기름진 음식 냄새가 진동했다.

"글쎄, 잘 모르겠는데. 당신은 뭘 마실래?"

남자의 손에는 여섯 개들이 캔 맥주 한 팩이 들려 있었고 여자는 보드카 한 병을 들고 있었다. 그들 사이에는 냉랭함이 묻어나고 있었다. 그 냉랭함 뒤로 비틀거리지 않으려 애써 중심을 잡고 있는 거대한 그림자가 보였다.

만약 두 사람이 아무 말도 하지 않고 조용히 술을 집어 든 채 계산했더라면 가게 안 분위기는 그렇게까지 불쾌해지지 않았을 거다. 계산대의 점원과 나를 포함한 다른 손님들은 그들이 지나갈 때 그들과 몸이 스치지 않으려 한쪽으로 바짝 붙어 서야 했다. 엄밀히 말해 두 사람의 행동은 나에게 익숙했다. 주정뱅이의 전형적인 행동이었으니까. 어디서나 큰소리로 떠들고 다른 사람에게 보여야 할 보편적 매너 같은 건 안

중에도 없었으니까.

 중독 증세가 얼굴에 쓰여 있는 사람 혹은 온몸에 알코올로 인한 파괴의 흔적이 분명히 새겨져 있는 중독자들만이 사람들에게 배척되고 낙인찍힌다. 대부분의 사람은 여전히 의존증에 대해 잘 알지 못한다. 가게 안 커플처럼 말이다. 사람들이 알고 있는 알코올중독증이라는 것도 대개는 철 지난 의학 상식에 지나지 않는다. 널리 퍼진 사회적 지식과 알코올 남용에 따른 결과를 알면서도 여전히 우리는 술의 양면성을 외면하려 한다. 술에 취했을 때 세상의 모든 경계를 넘어 해방된 듯한 쾌감을 모르는 사람이 어디 있겠는가? 다음 날의 부끄러움을 모르는 사람이 또 어디 있겠는가?

 나도 인정한다. 대부분의 알코올중독자들은 너무 멀리 나간 사람들이다. 이들은 사회적 계약을 파기한 것이다. 최소한의 성인으로서 지켜야 할 것들까지 내려놓은 셈이니까. 그들이 그 운명을 선택한 것도 아니다. 우리는 모두 한 방향으로 가고 있다. 속도가 다를 뿐이다. 결국 술을 마시는 우리 모두의 자화상일 뿐이다.

프랑스의 정신분석학자인 세르주 티스롱은 수치심이라는 감정이 사회와 개인의 교차점에 자리 잡고 있다고 했다. 즐거움, 분노, 슬픔 같은 감정과 달리 수치심은 스스로 느끼는 게 아니라 학습된다고 했다. 다시 말해 그렇게 느끼도록 강요받는 감정이라는 거다.

그는 수치심이 사회적 특권을 상실할까, 집단으로부터 배척당할까 하는 두려움에서 비롯된다고 했다. 보편적으로 느끼고 싶지 않은 감정이고 대처하기도 어려운 감정이다. 다른 사람뿐 아니라 자기 자신으로부터도 도망치고 싶은 감정이니까.

그렇다고 수치심을 다른 모든 감정 뒤에 숨기고 모르는 척할 수 없다. 심리상담학자 레온 웜서는 『수치심의 가면The mask of shame』이라는 책을 통해 '수치심을 느끼는 사람은 원하든 원하지 않든 자신의 수치심을 다른 사람에게 전가하려는 성향을 보인다'고 했다. 수치심이 그만큼 견디기 어려운 감정이라는 뜻이다.

어쨌든 수치심과 불안과 자괴감 덕분에 나는 술을 끊었다. 술을 끊은 후 내 주변의 모든 사람, 말 그대로 모두가 내게 한 잔이라도 마셔 보라며 거의 매일 재촉했다. 이런 요구는 몇 해 동안 계속됐다. 어느 회사의 중역이었던 지인은 이른 시간임에도 몇 번이나 리슬링Riesling, 화이트 와인의 일종 잔을 내 코앞에 갖다 대고 혀가 꼬인 목소리로 말했다.

"여기, 마셔, 마시라고! 좋은 와인이야!"

여러 번 단호하게 그러지 말라고 해도 소용이 없었다. 결국 다른 테이블로 옮겨 앉았는데 나도 모르게 정말 얼마 동안 혼자 웃어 버렸다. 딱 내 모습이기도 했고 모두의 모습이기도 하다는 걸 깨달았으니 말이다.

술을 마실 때 나 역시
일행 중 술을 마시지 않는 사람을 견딜 수 없었다.

지금 생각해 보면
혼자서만 부끄러운 짓을 하고 싶지 않았던 거다.

알코올중독자의 부끄러움은 이것 말고도 무수히 많은 형태와 가면을 빌려 나타난다. 술에 취한 채 세상이 가면을 쓰고 자신을 오해한다고 느끼는 사람은 그 수치심을 스스로에게 조차 숨기려 한다. 아침에 출근해 지난밤의 술 취한 영웅담을 늘어놓는 동료에게 수치심 이외의 다른 감정은 없다. 레드 와 인 잔을 손에 든 채 자기 집 소파에 앉으며 느끼는 신경질적 체념이나 죽을 때까지 술을 마시는 길거리 주정뱅이를 볼 때 느끼는 일반적인 불쾌감은 가면에 가려져 있던 수치심에 지나지 않는다.

멀쩡한 사람들 앞에서 우리가 느끼는 수치심은 언제나 방어적이다. 문화적으로나 역사적으로나 술은 우리 문화에 깊숙이 뿌리를 내리고 있다. 세상 거의 모든 사람이 술을 마신다. 술이 얼마나 달콤한 유혹 덩어리인가를 보여 주는 반증이다. 그러면서도 집단적 의존증을 직시하기보다 삶을 포기하고 도덕적으로 문제가 있는 사람들, 자신과는 다른 형태의 음주 현상에만 눈을 돌리고 있다.

술이라는 매개를 통해 모두가 즐거움을 누리는 사회에서 알코올중독자나 의존증 환자를 경멸하고 멸시한다는 건 말도 안 되는 아이러니 아닐까? 어쩌면 우리 사회가 암이나 결핵을 이해하게 된 것처럼 언젠가는 알코올중독에 대해 새로운 이해를 하게 될 날이 있지 않을까? 하지만 현재까지 알코올성 질병은 수치심을 가져다주는 질병에 불과하다. 정말 비극적인 일이다. 이 질병으로부터 살아남으려면 우선 그것에 대해 부끄러워하지 않는 용기를 스스로 내야 하니 말이다.

5장

술로 잠식된 영혼의 구원을 위하여

"**나**는 알코올의존증 환자입니다."

무슨 문장이 이런가! 이 씁쓸한 뒷맛이라니!

이 문장에서는 어딘지 금기시된 일을 저지른 느낌과 가슴을 치고 한탄하며 등장하는 전형적인 사연의 냄새가 난다. 이것은 평생 입 밖으로 내고 싶지 않은 문장인 동시에 나와는 별로 상관없는 듯한 문화적 산물로, 나를 격하시키는 문장이기도 하다.

하지만 의존증이라는 질병에 걸린 사람은 이 문장과 동일한 상태에 처해 있다. 독감이나 당뇨 혹은 암에 걸렸을 때 우리는 그것을 의존증이라고 부르지 않는다. 의존적이 되었다는 것은 단순한 언어적 표현이 아니다. 그것은 실질적인 상태를 의미한다. 계속 술을 마셔도 된다고 스스로를 속이는 사람은 '나는 알코올의존증 환자입니다'라는 문장의 의미를 절대 이해할 수 없다. 나도 맑은 정신으로 돌아와서야 그 문장을 제대로 소리 내어 말할 수 있었다.

내 삶에서 가장 아름다우면서도 가장 큰 충격으로 다가온 시기는 자기기만으로부터 한 발자국씩 빠져나오던 때였다. 그즈음 내가 어울리던 대부분의 친구들은 어떤 심리적 문제나 중독 문제에 시달리고 있었다. 그들은 술을 더 이상 마시지 않기로 결심한 후로는 만나지 않거나 아주 가끔씩밖에 만나지 않는 친구들이 되었다.

그들을 더 이상 보고 싶지 않은 건 아니었다.
다만 술 없이 그들을 만나는 걸
상상할 수 없을 뿐이었다.

대신에 더 이상 술을 마시지 않게 된 다른 친구 여럿이 생겼다. 기본적으로는 유사했지만 상상할 수 없을 정도로 서로 달랐다. 그들 역시 언제 선을 넘게 되었는지, 돌이키지 않으면 안 될 지경에 다다른 시점이 언제였는지 확실하게 얘기하지 못했다. 그들 중 한 사람은 열네 살부터 틈틈이 술을 마셨으며 여러 번 정신과 전문 병원과 감옥을 드나든 끝에 스무 살에 술을 끊었다고 했다. 또 한 사람은 대학을 졸업하고 미래가 약속되는 직장을 잡은 뒤 서른이 되면서부터—지난 8, 9년 동안—미친 듯이 술을 마시다 선을 넘었다는 사실을 깨닫고 끊었다고 했다. 그들 중에는 파티에서 종종 내 파트너가 되어 주던 내 오랜 술친구도 있었다.

그 친구와 상당히 우아한 일식당에서 만난 적이 있었다. 친구는 라이트 콜라를 마시고 있었고 나는 와인을 벌써 두 잔째 주문한 참이었다. 요리가 막 도착했을 때 그 친구는 내게 A.A. 모임에 나가 볼 것을 제안했다. A.A.는 어디선가 나도 들어 본 적이 있는 모임이었다. 전 세계적인 알코올중독자 혹은 그 배우자나 가족의 모임이었다. 오늘따라 그에게 뿜어져 나오는 당당함이 순간 부러웠던 건지, 아니면 내가 그 누구도 모르게 술에 대해 진지한 고민을 하고 있었는지는 모른다. 어쩌면 술이 내 인생에 커다란 걸림돌이 되고 있다는 걸 느끼고 있어서였는지도 모르겠다. 나는 그 제안을 받아들였다. 그저 호기심일 뿐이라고 스스로에게 말하면서.

한동안 나는 술을 끊을 목적이 아니라 안전하고 적은 양의 술을 마시는 방법을 배우는 음주 조절 모임에 가입할 생각이었다. 지난 몇 년간 알코올 자조 프로그램들이 언론에서 상당한 주목을 받고 있던 참이기도 했다. 이들 프로그램은 더 이상 마시면 안 되는 상황인데도 더 마셔도 괜찮다는 환상을 심어 주는 것처럼 보였다.

솔직히 말해 술을 줄인다는 건 장기적으로 엄청나게 피곤한 일이란 걸 안다. 저녁에 한두 잔의 와인을 마시는 것도 결국에는 한계가 오리란 걸 이미 겪어 봤으니까.

나는 오랜 시간 이미 술을 스스로 통제해 봤다. 그러나 아무것도 바뀌는 건 없었다. 술기운이 올라오기 전에 술잔을 내려놓기로 결정하는 일 따위는 기본적으로는 아무 의미가 없다는 걸 나는 알고 있다. 이는 매우 잔인한 방식으로 지독한 채찍을 휘두르는 꼴밖에 되지 않는다는 것도 말이다.

내 말의 진위 여부는 음주를 통제하는 방식에 대한 연구 결과에도 뚜렷하게 드러난다. 그랜드 연구 결과를 발표한 사회학자인 조지 베일런트는 지난 50년간 문제를 가진 음주자들부터 정상적인 사교형 음주자들까지 연구했다. 그는 특별한 프로그램을 이용해 의학적인 자료를 도출해 냈다. 딱 잘라 말하면, 술을 줄이는 식으로 알코올 문제를 해결하려던 사람 중에 10년이 지나서까지 성공한 이는 단 한 사람도 없었다. 그들 모두는 한 사람도 예외 없이 실패한 걸로 밝혀졌다.

이 사실을 극적으로 증명하는 예로 미국의 저명인사 오드리 키쉴린이 있다. 키쉴린은 1994년에 알코올 문제가 있지만 의존증이 심하다고 여기지 않는 이들을 위해 '절제 관리'라는 자조 프로그램을 개발했다—이 프로그램은 큰 인기를 얻었으며, 현재도 명맥을 이어 가고 있다—. 프로그램의 개발자이자 알코올의존증이었던 그녀는 2000년 3월, 혈중 알코올 농도 0.26퍼센트의 상태로 반쯤 빈 보드카병을 옆 좌석에 두고 운전하다 다른 차와 정면으로 부딪히는 사고를 냈다. 이 사고로 그녀는 살아남았지만 차 안에 동석했던 12살짜리 오드리의 딸과 남편은 그 자리에서 즉사했다.

그랜트 연구의 대상자들 중에도 음주량을 줄이거나 특별한 일이 있을 때만 술을 마시는 이들이 있었다. 이 방식은 상당히 오랫동안 유지되기도 했다. 하지만 과음 행동 패턴이 한 번 자리 잡고 나면, 아무리 일정 기간 술을 끊거나 적당히 마시더라도 결국 과거의 음주 습관으로 돌아가곤 한다는 사실이 증명되었다. 술을 끊지 않는 두 명 중 한 명은 평균적으로 3년에 한 번은 심각한 음주 상태로 돌아가곤 했다. 사람들과 어울려 가볍게 술을 마시는 데 성공한 극소수의 사람마저도 오랜 시간 음주 습관이 이어지면 정상적인 음주가들처럼 음주량을 쉽게 조절할 수 없는 상태에 도달했다.

다행하게도 내 경우에는 마지막 각성의 힘이 나를 알코올중독자 갱생회Anonymen Alkoholikern, 익명의 알코올중독자협회, 약자로 A.A.라고도 한다로 이끌었다. 독일에는 알코올 환자들을 위한 자조 모임이 여러 개 있다. 어떤 그룹은 그 역사가 100년도 넘는다. 기독교적 고해성사 문화와 관련된 모임도 여럿 되는데 이들의 이름은 살짝 특이하다. 십자가회Kreuzbund, 착한 교인Guttempler, 청십자가회Blaues Kreuz, 알코올로부터 해방된 삶과 중독자들의 친목을 위한 협회Verein fur alkoholfreies Leben oder

Freundeskreise fur Suchtkrankenhilfe 등이다. 이 모임에서는 회원들을
모두 알코올의존증 재활 병원으로 보내는데, 정기적인 모임
을 통해 회원들이 술 없이도 살 수 있도록 사회적 네트워크를
평생 지원해 준다. 이런 모임들은 술로부터 정말 많은 목숨을
살리고 있다.

'난 알코올중독자가 아니야. 개들은 모임에 가지만 난 파티
에 가지'라는 위트 넘치는 표현이 있다는 걸 나도 안다. 나 역
시 오랫동안 같은 의견이었다. 혼자서 A.A. 모임 같은 곳에 갈
생각은 하지도 않았다. 아니 하지 못했다. 아무리 끔찍한 숙
취와 부끄러움에 시달리게 된다 해도 그런 모임에 나가는 일
따위가 내 삶의 한 부분이 될 거라고는 상상도 못했다. 자조
모임에 처음 가는 사람은 누구랄 것 없이 수치스러움을 경험
한다. 도움을 청하는 것을 사회적 추락으로 여기니까. 게다가
아는 사람을 만나면 어쩌나 하는 두려운 마음도 있다.
  솔직히 그럴 가능성이 아주 없다고도 말할 수 없다. 우리의
친한 친구들은 모두 애주가이니 말이다.

  친구의 권유로 나는 일단 A.A. 모임에 한 번 나가 봐야겠다

고 생각했다. 내 친구는 술이 취하면 온갖 미치광이짓을 할 준비가 되어 있는 사람이었다. 거기다 술 마신 다음 날 갖가지 비참한 행적을 기막힌 이야기로 승화시키는 재주가 있었다. 그 바람에, 한때 가장 멋진 술자리의 절친이었던 나의 프랑스인 친구는 벌써 반년째 A.A. 모임에 참석하고 있었다. 이후로 그의 삶은 드라마틱한 반전을 이뤘다. 더 이상 술을 마시지 않았고, 무엇보다 훨씬 건강해 보였다. 술을 마시지 않는데도 조금도 지루해 보이지 않을 뿐 아니라, 여전히 날카롭고 활달하며 자수성가한 귀족 같은 면모를 지키고 있었다.

내가 이전부터 상당히 오랫동안 술을 끊어 보겠다고 말해 온 탓도 있지만 술을 끊을 생각이라는 말에 친구는 콧방귀를 뀌었다. 앞으로는 모르겠지만 어떻게 하든 나는 알코올 중독자일 거라며 코웃음을 쳤다. 징그럽게 술을 함께 마시며 그의 행적을 알고 있는 나로서는 그의 비웃음이 어처구니없었다. 그도 나처럼 불과 얼마 전까지 고주망태가 되곤 했으니까.

나는 상관하지 않았다. 오히려 그 반대였다. 우리는 서로를 너무 잘 알고 있었고 과거의 모습을 너무나 정확하게 기억하고 있었다. 그런 상황에서 체면 따위에 집착하는 건 의미 없는 일이었다.

> 되돌아보면 내가 알코올 조절을 돕는 모임을
> 찾아가지 않은 건 무척 잘한 결정이었다.
> 분명 나도 몇 년 후에 다시 무너졌을 것이다.
>
> 애초에 술을 줄이는 의도로
> 모임을 간다는 게 잘못된 일이니 말이다.

술을 끊으려고 시도한 사람 중 스스로 성공한 사람은 극소수에 지나지 않는다. 자조 모임의 기본적인 혜택 중 하나는 자신이 정말로 병이 있다는 사실을 공유하는 것이었다. 혼란스러운 감정적·정신적 상황을 합법적이며 의학적인 이름으로 정리할 수 있다는 것부터 큰 위안을 준다. 또한 나 외에도 많은 사람이 같은 질병을 앓고 있으며, 그것을 극복할 수 있는 방법을 배우고 있다는 사실도 희망을 줬다. 자조 모임의

평판은 사실 여전히 놀라울 정도로 낮아서 자신이 그런 모임
에 나가고 있다는 사실을 밝히는 일 자체가 거의 없다. '익명
의 알코올 중독자가 되느니 온 도시가 아는 주정뱅이가 되겠
다'는 유명한 농담도 있을 정도니 말이다.

　종종 A.A. 모임에서 자랑스럽게 듣게 되는 말이지만 A.A.는
이 세계에서 가장 큰 무정부조직이다. 순수한 자발적인 프로
그램이자 민주적인 풀뿌리 운동이며 온전히 자발적인 기금을
통해 운영된다. 알코올중독자가 알코올중독자를 도우는 방식
이다. 자신의 질병을 정말로 잘 이해하고 있는 이들이 진정한
도움을 주고받는 프로그램이다. A.A.는 상하부 구조가 없다.
수직적 위계질서도, 팀의 지도자나 심리학자나 관리자나 의
사나 유급 직원도 없다. 오로지 과거의 중독자가 1시간 혹은
90분 동안 자신들의 질병에 관한 경험을 이야기해 줄 뿐이다.
모임을 위한 장소를 구하는 것도, 인쇄물이나 책을 인쇄하고
배포하기 위해 돈을 걷어 충당하는 것도 멤버들의 역할이다.
모임에서 마실 커피나 차는 자발적 지원을 통해 준비된다. 이
모임은 어떤 정치적·종교적 어젠다에도 관심을 두지 않으며
무료로 운영된다.

이 모임은 전직 골초에다 LSD 마약 실험에 앞장섰던 알코올중독자이자 주식 중개인 윌리엄 그리피스 윌슨과 외과의사 로버트 홀브루크 스미스에 의해 1935년에 미국 오하이오 주의 작은 도시인 애크론에서 설립되었다. 두 사람은 현재까지도 A.A. 회원으로부터 괴짜 성인으로 숭배되고 있다. 이 둘은 전 세계에 중독자 클리닉을 세우고, 자조 그룹을 위한 12단계의 의존증 극복 프로그램을 개발했다.

현재 전 세계 180개의 나라에 A.A. 자조 그룹이 설립되어 있다. 약 200만 명이 6만 1,000여 개의 모임을 통해 도움을 받고 있지만 실제로 그 수가 정확하게 얼마나 되는지는 그 누구도 모른다. A.A.는 이름 그대로 익명의 모임으로서 공식적인 책도 발간하지 않기 때문이다.

A.A. 프로그램의 핵심은 알코올중독자의 회복에 도움을 주는 행동심리학적 지침인 12단계다 호불호가 갈릴 수 있는 내용이라 이 책에는 싣지 않았다. 개별적으로 A.A. 그룹을 결성하기 위한 일종의 가벼운 가이드라인인 12가지의 전통도 있다. 이 전통은 술을 끊으려는 사람이라면 누구라도 A.A.의 회원이 될 수 있으며, 모임도 진정한 의미에서 독립성을 유지할 수 있도록

보장해 준다.

　A.A. 회원은 또한 공식적으로 익명을 사용하는 전통을 가지고 있는데 이 책을 쓰면서 나는 전통을 깨뜨리게 되었다. A.A. 모임에 나가고 있다는 사실을 밝혀야 할지 사실 나는 오랫동안 고민했다. 이 전통이 나에겐 커다란 의미가 있었기 때문이다. 가까운 A.A. 친구들과 여러 대화를 나눈 후에 결국 나는 사실을 밝히기로 했다. 이 책을 읽는 사람들이 도움을 찾고 있다면 그 문턱을 낮추는 데 도움이 되기를 바라기 때문이다. 그렇다고 A.A. 모임을 광고하려는 것은 아니다. 단지 나의 개인적인 의견을 이 책에 적으려 할 뿐이다. 다시 말해 내가 말하려는 것이 특수한 A.A. 모임이나 A.A. 하부기관의 특정 어젠다는 아니라는 거다.

　알코올 문제로 시달리는 사람이라면 자신에게 맞는 모임을 찾기 위해 여러 자조 모임에 참석할 필요가 있다. 같은 자조 모임 협회에 속해 있을지라도 모임마다 그 성격이 아주 다를 수도 있다. 모임의 성격은 참석하는 사람에 달려 있다. 모임은 나라마다 도시마다 지역마다 다르며, 시대에 따라 달라지기도 한다. 어떤 모임은 영성에 치중하고 어떤 모임은 치유적 성격이 강하다. 또 어떤 모임은 엄격 행동 코드를 추구한다.

나 역시 A.A. 외에도 여러 모임, 여러 지역의 다양한 사람들을 만나 봤다. 리오 데 자네이로의 고층 빌딩 10층에서 미국 원주민 인디언과 모임을 갖기도 하고, 텔아비브의 방공호에서 이스라엘 병사와 대면하기도 했다. 뉴욕의 워싱턴 스퀘어 파크 부근에서 투자자문가와 모임을 갖기도 했다. 런던의 퀘이커 교도의 기도의 집에서 모델처럼 생긴 80명과 모임을 갖기도 하고, 이스탄불의 가장 번화한 쇼핑 거리에 위치한 빌라에서 부유한 무리의 외국인들과 모임을 가진 적도 있다. 센강이 내려다보이는 파리의 어느 교회에서의 모임에도 참석했고, 도쿄의 한 아파트에서 놀랄 만큼 젊고 침착해 보이는 일본인들을 만나기도 했다. 중국을 싫어하는 한 무리의 홍콩 사람들과도 모임을 가졌고, 제네바 호숫가의 한 교회의 기도실을 점심시간에 빌려 정말로 유쾌한 부자 할머니들과 모임을 갖기도 했다.

A.A. 모임과 같은 자조 모임의 핵심은 정체성에 대한 인정이다. 자신과 똑같은 경험을 한 누군가가 있다는 것을 안다는 것이다. 몇 번의 모임을 하고 나면 나와 똑같은 행동을 했고,

똑같이 거짓말을 했으며, 나처럼 고통스러운 삶의 사연을 가진 이들이 그곳에 있다는 걸 알게 된다.

A.A. 모임은 내가 느낀 바로는 일종의 집단 고해성사, 파티, 집단 치료, 연극 공연과도 같았다. 무조건적인 솔직함을 요구하는 관중들은 역설적 표현이나 의식적·무의식적으로 자행되는 자기기만적 시도를 틀림없이 알아채고 빠르게 싫증을 냈다.

이 모임은 상당히 복잡한 감정을 불러일으켰다. 타인과 자신을 인정하는 것에 대한 두려움과 더불어 자비심과 이해심을 솟아나게 했다. 반면 우월감과도 같은 자기애적 감정 혹은 자신의 연약함에 대한 두려움, 관음증, 사랑 등이 뒤섞이는 것을 느꼈다. 그러다 시간이 갈수록 고요하고도 분명한 감각이 느껴졌다.

A.A. 같은 자조 그룹의 기능이 지속될 수 있는 가장 큰 이유는 다른 사람의 경험을 들음으로써 나 자신의 음주 경험과 그 결과를 되새길 수 있다는 점이다. 바로 이 점 때문에 자조 그룹 내에서조차 술을 마시지 않고 온전히 살고 있는 사람만이 다른 사람을 도울 수 있다고 말한다. 자조 그룹이란 증인들을

위한 프로그램이다. 타인의 자기기만적 메커니즘을 들여다보는 것이 자신을 들여다보는 일보다 훨씬 수월하다. 각자의 그룹에 속한 다른 사람들과 얘기하다 보면 자신이 얼마나 자기기만 속에서 살아왔는가를 깨달을 수 있다.

A.A. 모임에 처음 들어설 때는 누구랑 같이 술을 마실 것인지를 가늠하는 신경세포의 연접부가 비슷한 형태로 여전히 분주하게 작동한다. 적어도 초기에는 그 감각이 유지된다. 특히 초기에는 모임이 말 그대로 음주를 대신한다. 과거의 음주자들과 전직 음주자로서 모임을 갖고 있다는 것만으로도 두뇌 속 전령 물질이 조화를 이루는 데 긍정적인 역할을 해 주는 셈이다.

예를 들어 친구들은 물론이고 정신분석가에게조차 말할 수 없는, 스스로도 믿고 싶지 않은 부끄러운 일화들을 자조 모임에서 이야기한다고 치자. 술을 마신 지 오래될수록 그 시절의 경험들은 덜 드라마틱하고 오히려 비현실적으로 여겨진다. 사실 몇 년 동안이나 감정 기복을 일으키는 술에 노출되지 않은 사람들도 과거의 기억은 쉽게 잊는다. 항상 새로운 기억이 오래된 기억을 덮어 버리기 때문이다. 사람들은 생존하기에

유리한 것만을 기억하며 살아간다. 의존증 환자들은 이런 경향이 훨씬 더 심하다. 부끄러운 음주 후의 기억은 영원히 노출되지 않도록 기억의 저편으로 숨겨 버린다. 그렇게 온갖 심리적 술수를 동원해 스스로에게 거짓말을 한다. 하지만 술을 끊고 온전한 정신을 유지하려면 이 몽롱하게 상실된 기억들과 마주해야 한다.

대부분의 자조 그룹은 비밀 조직에서 풍기는 아우라를 갖고 있는데 이런 분위기는 알코올성 질환을 앓는 사람들에게 동질감과 안정감을 강화시켜 주고 회복에 도움이 된다. 모임도 평소라면 절대 가지 않을 장소에서 이뤄지는데 교회나 구세군 혹은 지역사회 공간을 빌리는 식이다.

물론 좋은 점만 있는 건 아니다. 회원들이 엄숙하게 지키는 의식이 있는데 이 의식이 때로 신입 회원들을 불편하게 만들기도 한다. A.A. 모임의 경우는 보통 '평온을 바라는 기도'를 모임의 처음과 끝에 한다. 이 기도에서 대부분 사람들이 '신'이라고 부르는 '높으신 권능'이 언급되지만 이건 사실 자기 자신을 지칭하는 것이라고 볼 수 있다. 모임에서 강조하듯 A.A.는 종교적이지도, 특정 교파에 속한 것도 아닌 그저 영적인 프로그램일 뿐이다.

　모임에서 주로 사용되는 슬로건은 끔찍할 정도로 진부하게 들리지만, 참석한 모든 이는 놀라울 정도로 열렬하게 공감하며 '오늘을 살자'나 '제일 중요한 일을 제일 먼저!' 혹은 '자유롭게 살자' 같은 슬로건을 따라 외친다. 처음에는 이들의 언어를 받아들이는 게 힘들다. 여전히 두 병의 샴페인과 2그램의 코카인을 들고서 그것을 훌륭한 생일 선물의 전형인 양 으스대며, 자신이 다른 어떤 사람보다 더 낫다고 여기는 쿨한 태도를 유지하고 싶다면 더 말할 것도 없다.

　A.A. 모임에 나가던 초기에 나는 종종 어째서 내가 이 자리에 앉아 있는지를 자문하곤 했다. 모임 끝에 왜 자리에서 일어나 알지 못하는 다른 사람과 손을 잡고 원을 그리고 서 있는지, 머리가 멍해질 때가 한두 번이 아니었다. 아기 예수가 아니라지만 아기 예수일 수도 있는 신에게 상황을 바꿀 수 없다면 받아들일 수 있도록 도와 달라는 기도를 한다는 것도 쉽지 않았다. 그러다가도 똑같이 따라하며 눈알을 굴리고 있는 나를 보기도 했다. 혼자 튀고 싶지 않아서 혹은 저항하기엔

너무 나약해서, 아니면 인정하고 싶지는 않지만 약간은 기분
이 나아지는 것 같아서였을 거다. 하지만 분명 어느 순간 나
역시 자동적으로 눈을 감고 모든 사람 속을 흐르는 공간의 평
화를 느끼며 즐기고 있었다.

　특히 자신의 지적 능력에 대한 의존도가 강한 사람이라면
자조 모임의 조금은 비이성적인 면에 불편함을 느낄 거다. 데
이비드 포스터 월러스도 여기에 속했다. 『끝없는 농담』이라
는 위대한 소설을 쓴 작가로 2008년에 자살한 그는 10대부터
마약과 알코올에 탐닉했다. 하버드 대학의 철학 박사 과정을
중도에 포기하고 일종의 재활원인 보스턴 하프웨이 하우스에
서 한동안 머물렀다. 미국에서 하프웨이 하우스란 마약 중독
자를 '정상적인' 삶으로 회복시키기 위한 목적으로 설립된 기
관이다. 하프웨이 하우스의 통합 프로그램의 핵심적인 요소
는 A.A.와 마찬가지로 12단계의 모임이었다. 포스터 월러스
는 이 모임을 몇 년 동안 참석했다. 『끝없는 농담』에도 이 모
임에 대한 부분적인 묘사와 이곳을 방문하는 동안 그가 느
낀 괴로움과 희망이 담겨 있다. 포스터 월러스의 전기 작가인
D.T 맥스도 저명한 작가였던 월러스가 자신의 지적 우월감

을 확신하면서도 A.A.의 슬로건을 받아들이고, 자신이 그 공간에 있는 다른 전직 주정뱅이들과 다르지 않다는 사실을 인정하는 것을 얼마나 힘들어 했는지 묘사하고 있다.

『끝없는 농담』의 중심 메시지는 '그 모든 상투적 과정이 필요하다'는 것이다. 결국 모든 것은 언어로 말할 수 없는, 내면적 진실을 표현하기 위한 암호일 뿐인 것이다. 자조 모임에 참석하는 모든 의존증 환자는 이런 회복을 위한 상투적 절차가 사실 구체적이며, 현실적인 어떤 것을 이야기하고 있다는 사실을 서서히 깨닫게 된다.

실제로 A.A. 같은 자조 그룹의 효과는 확실한 것으로 증명되었다. 찰스 두히그와 같은 과학 관련 기자는 사회에 커다란 영향을 끼친 자신의 저서『습관의 힘』을 통해 알코올중독자 갱생회야말로 나쁜 습관을 성공적으로 바꾸는 데 기여한 성공 모델이라고 평가했다. 찰스 두히그에 의하면 습관적 음주와 알코올의존증은 쉽게 전환될 수 있으며 유동적이라 굳이 구별할 필요가 없다고 말했다. 다양한 신경생물학적 예와 연구를 통해 그는 나쁜 습관을 두뇌에서 쉽게 지울 수 없다는 것을 보여 줬다. 생화학적·세포적 차원에서 습관은 평생 한 사람을 따라다닌다. 그러므로 신경학적으로 볼 때 습관을 저장하는 것은 두뇌를 경제적으로 활용하기 위해 중요한 요소일 뿐 아니라, 삶을 효율적이고 쉽게 꾸려 가기 위해 필요한 진화론적 유산이기도 한 것이다.

그렇다. 나쁜 습관을 지울 수는 없지만 좋은 습관으로 교체하는 일은 가능하다. 이를 위해서는 오래되고 나쁜 습성을 덮을 만한 새로운 습관을 찾아야 한다고 두히그는 지적한다. 그러려면 습관과 그 습관으로 생기는 보상을 이어 주는 과거의 습관 고리를 유지하고 있어야 한다. 두히그는 과거의 신경생물학적 연구 결과와 일치하는 이 이론을 황금률이라고 불렀다. 자조 모임에 가는 것은 훌륭한 대체 습관이 될 수 있었다. 이곳에 가는 것은 마치 여럿이 술을 마시는 것과 같은 내적 휴식을 제공해 줬기 때문이다.

자조 모임 참석은 회복의 기회를 극적으로 높여 준다. 그렇다고 성공 요소가 오직 신경생물학적 요인만은 아니다. 이런 모임을 통해 특별한 믿음이 생겨날 수 있다. 그것은 어떤 것을 영원히 변화시키는 것이 정말로 가능하다는 믿음이다. '대부분의 사람은 새로운 사회 공동체와의 접촉을 통해 변화할 수 있다'고 두히그가 말한 것과 같은 맥락이다.

자조 모임에 참석하면서 나는 신은 믿지 않아도 모임에 나오는 사람은 믿을 수 있다는 이야기를 자주 들었다. '신god'이라는 영어 단어는 '주정뱅이 단체group of drunks'라고도 할 수 있다. 그러다 보니 나도 믿음이 정말로 생겨나게 되었다.

A.A. 모임에서 술을 끊고 만족스럽고 행복한 상태를 유지하며 살아가는 사람을 보고 있노라면, 얼마 후에는 나도 그 같은 삶을 누릴 수 있겠다는 확신이 생긴다. 삶에 매달리는 게 얼마나 가치 있는 일인지를 생각하는 것이다. 또한 스스로를 여러 목표에 다가갈 수 있도록 영역을 확장시키는 일이 정말로 의미 있는 일이라는 생각이 든다. 더 나은 삶을 위해 변화하는 것이 정말로 가능하다는 생각이 든다.

이 세상의 모든 자조 그룹이 공유하고 있는 메시지가 있다면 그것은 다음과 같다. 병을 앓고 있지만 당신은 혼자가 아니다. 자조 모임은 알코올의존증 환자들이 시달리는 외로움, 더 이상 이 세상에 존재할 권리가 없다는 느낌, 비참한 기분

을 느끼는 게 마땅하다는 내면의 소리를 잠재워 주는 역할을
한다. A.A. 모임을 통해 우리는 술의 힘을 빌리지 않는 온전한
상태도 가능하며, 술 없이도 일 년, 이 년, 삼 년, 이십 년, 삼십
년 혹은 오십 년을 사는 것이 가능하다는 것을 배운다. 또한
내면의 압박감과 욕망, 이해할 수 없는 자기기만으로부터 해
방되고 머릿속의 소음으로부터 자유로워지는 것이 진실로 가
능하다는 것을 배우게 된다.

6장

다시 기대지 않고 살 수 있을까?

단 지 오늘만.

단지 오늘만은 A.A.의 대표 구호다. 딱 오늘 하루만 술을 마시지 않고 멀쩡한 정신을 유지하자는 결심이 담긴 구호다. 다음 날이 되고 새로운 아침이 시작되면 A.A.의 구호도 함께 잠에서 깨어난다. 그날의 새로운 구호가 생긴 셈이고, 그날만 지키면 되는 하루짜리 목표다.

실제로 A.A. 자조 모임에 나가기 시작하면 "저녁때까지만 참으면 성공한다"는 말을 자주 듣는다. 술을 마시지 않고 잠자리에 드는 것 말고는 다른 고민거리나 처리할 일이 없는 것처럼 말이다.

참

'단지 오늘만'이라는 유명한 A.A.의 구호는 여러 문화권에서 각종 문제에 시달리는 사람들에게 광범위하게 사용되기도 한다. 처음 이 구호를 들었을 때 나도 모르게 눈을 깜빡이며 머리를 흔들었다. 믿을 수 없을 정도로 순진하면서도 주술적인 의미가 담긴 것 같았다. 지적 능력이 부족한 사람만이 믿을 만한 말 같았다.

사회에서 어느 정도 성공한 사람 혹은 지적 능력을 갖춘 사람이 받아들이기에는 쉽지 않은 말인 게 사실이다. 하지만 결론적으로 말하면 이야말로 삶의 전환점을 가져다주는 구호였다. 오만함을 가장해 감추고 있던 거부감의 근원은 두려움이었다.

'단지 오늘만'이라는 구호에 따른 심리적 효과는 매우 크다. 술을 계속 마시면 육신과 정신이 파괴된다고 아무리 경고해도 마시려는 욕구는 상상을 초월하는 힘을 지녔다. 의지나 결심의 힘보다 훨씬 강력하다. 그러므로 자신이 감당할 수 있는 시간을 갖고 천천히 한 단계 한 단계 나아가는 게 현명하다.

억지로 어느 날부터 "그래 결심했어. 나는 오늘부터 금주에 돌입하겠어!"라고 아무리 외친들, 역효과를 가져올 확률을 높일 뿐이다. 그러다 결심이 보란 듯 깨지고 술을 입에 대는 순간, 나약한 자신에 대한 죄책감과 술이 주는 행복감에 더 강하게 집착하는 결과를 낳을 게 뻔하다. '이렇게나 좋은걸! 내가 왜 아예 끊으려는 거지? 그래! 어차피 많이 마시지 않으면 되는 거 아냐? 저 사람들을 봐. 누구랄 것 없이 모두 행복해하며 즐기고 있잖아'라고 말이다.

다시 한 번 강조하지만 일정 시간을 부여하고 그 안에서 단계를 정한 후 나아가기만 하면 된다. 그 기간에 단 한 개의 단계에만 오래 머물게 되더라도 말이다. 이전의 나로 돌아가지만 않겠다는 절대적인 각오를 품고 한 단계씩 계속 나아가야 한다.

내가 시작했던 첫 금주 시도는 담당 심리분석가와 일종의 계약으로 시작되었다. 6개월 동안 일주일에 두 번만 술을 마시기로 한 실험이 실패한 뒤였다. 나와 그는 2주 동안 술을 전혀 마시지 않기로 의견을 모았다. 사실 그건 현실적으로 그리 어렵지 않았다. 이전에도 몇 번 성공한 적이 있기도 했다.

2주가 지날 때쯤 나는 자발적으로 6주 더 금주를 하는 게 좋겠다고 얘기할 수 있었다. 이미 술을 마시고 싶은 생각이 사라지고 있었던 것이다. 2주 동안의 금주가 너무나 좋기도 했다. 그 시간 동안 나는 A.A. 모임에서 들은 말들에 대해 심각하게 곱씹었다.

> Just for today.
> 그저 오늘 하루만 마시지 않으면 되는 것이었다.

단지 오늘만 마시지 않기로 한 결심은 뜻하지 않은 결과를 가져다줬다. 훨씬 분명하고 쉽게 도달할 수 있는 목표를 만들어 준 것이다. 그날 무슨 일이 일어났든 상관없이 오늘만큼은 내가 정한 목표를 이뤘다는 만족감을 안고 잠자리에 들 수 있었다.

또한 가슴에 품고 있던 여러 가지 죄책감이나 수치스러움, 끊임없는 후회를 불러오는 과거의 일들이 숨을 죽인 채 잠시나마 나를 괴롭히지 않았다. 게다가 미래에 대한 걱정, 이를테면 직장, 돈, 지금 만나는 파트너와 생기는 크고 작은 고민들, 언젠가는 혼자 남을 삶 등 지금 당장 해결할 수 없는 만성적인 걱정과 두려움들조차 내일의 문제일 뿐이라며 넘길 수 있었다. 그러니 오늘은 상관없이 지내도 될 일이었다. 언젠가는 그것들을 해결하고 하나씩 대처해 나가야겠지만 오늘 해결해야 할 문제는 아닌 것이다. 오늘은 오늘을 살아가는 것만이 중요했다.

술을 마신다고 병세가 즉각적으로 드러나지 않듯 회복도 즉각 이뤄지는 건 아니다. 하지만 술을 끊고 난 초기에는 대부분 멋진 상태를 경험한다. 많은 사람이 '핑크색 구름' 위에 앉은 듯한 감정을 느낀다.

'핑크색 구름'은 묵직한 두통과 메스꺼움, 흐릿해진 시야로 느리게 하루를 맞이하는 괴로움이 사라진 색이다. 진정한 의미로 맞이하는 아침, 아름다운 아침으로 하루를 시작할 수 있다는 사실을 깨닫게 된 것을 상징한다. 알코올 수면 장애로 한밤중에 깨어나는 일 없이 밤새 잠을 푹 자는 것이 얼마나 행복한지를 보여 주는 색이다. 예전보다 일도 더 많이 하고 주말도 길게 느껴지는 것 같은 색이다. 택시도 덜 타고 주말에 파티도 덜 하게 되면서 은행 잔고가 상당히 늘어난 것을 깨닫는 색이기도 하다.

핑크색 시간은 또한 외부 세계의 아름다움에 매우 강력하게 반응하는 시간이다. 봄의 찬란함을 처음 들여다보는 것 같은 순수한 감정, 여름의 짙은 하늘색과 호수의 차가운 물빛, 가슴을 뒤흔드는 가을 공원의 나뭇잎들과 숨 막힐 정도로 신선한 눈 덮인 풍경이 눈앞에 펼쳐지는 시간이다.

마치 오래된 흑백 TV를 켜고 영화를 보다가 영화 속 장면이 총천연색 컬러 TV 화면으로 전환되는 것을 바라보는 듯한 기분이 몇 주 혹은 몇 달 동안 이어진다. 어떤 점에서 보면 핑크색 구름은 기적을 경험한 듯한 놀라운 느낌, 바와 클럽, 소파와 슈퍼마켓이 아닌 다른 세상, 당신의 상상을 뛰어넘어 갑자기 성장해 버린 듯한 세상을 마주하는 기적의 느낌과도 같은 것이다.

어떤 사람들은 초기에, 어떤 사람들은 나중에 그런 상태를 경험하지만 느끼는 감정은 대체로 같다. 핑크색 구름이란 개념은 내 경험에 의하면 맞기도 하고 동시에 틀리기도 하다. 술을 끊으면 보통 장기간의 감정 기복을 겪는다. 첫 주 혹은 첫 달은 삶을 균형 있게 유지하는 데 도움이 된다고 믿었던 술과 단절되므로 혼란이 지배하는 시기다. 과거 술을 마셨던 때의 상황과 비교될 때마다 엄청난 혼란이 압도한다. 저녁에 회사 일을 마치고 집에 들어갈 때, 친구들과 식사할 때, 춤을 추러 갈 때, 전시회 오프닝에 초대받았을 때, 책을 읽을 때, 섹스를 할 때, 생일 파티 혹은 고별 파티를 할 때 등 그 모든 순간에 말이다. 이 모든 상황에서 두뇌는 술을 마셔야 한다는 신호를 보낸다.

그것을 의식하지 못할 수도 있다. 단지 실제로 술 마시고 싶은 생각이 없을지라도 수년 동안 형성되어 온 신경 연결망이 지속적으로 예전처럼 기능할 뿐이다. 일종의 정신적 금단현상을 일으키는 것이다. 금단현상은 불쾌한 기분, 죄의식과 수치심의 증가, 집중력·기억력 저하, 수면 장애, 심한 공황장애 같은 것으로 나타날 수 있다. 금주 후의 급성 금단증세는 수주 혹은 수개월 동안 지속될 수 있다. 자기 연민에 바탕을 둔, 폭력에 근거한 공격성부터 분노 표출까지 그 부작용은 매우 다양하다.

하지만 금주 초기의 지배적인 색은 아무래도 핑크라고 할 수 있다. 적어도 핑크라는 색은 감정적인 격랑 속에 빠지지

않고 자신을 관찰하고 기억할 수 있게 하는 색이다. 온전한
정신으로 맞이하는 이른 아침의 색깔, 실제로 술을 마시지 않
고도 살아갈 수 있으며, 더 이상 충동의 노예가 되지 않아도
된다는 것을 깨달았을 때의 느낌이 담긴 색이다.

　나는 훌륭하고 정말로 근사한 핑크색 구름의 시간을 보냈
다. 내 상태를 물어보는 모든 사람에게 나는 대답할 수 있었
다. 그 상태는 반년 정도 지속되었고 그 시간을 놓치고 싶지
않았다. 책도 많이 읽었고, 여행도 많이 했으며, 카페에 앉아
밤늦도록 친구들에게 술을 먹지 않고도 행복한 내 상태에 대
해 이야기할 수 있었다. 얼마 후에는 담배도 끊고, 매일 아침
헬스클럽에 가서 친구에게 만나 운동을 하며 여러 문제에 대
해 깊이 고민하고 하나씩 해결해 나갔다. 월급도 괜찮았고,
다시 누군가와 관계를 시작했으며, 스스로 매력적이라고 느
끼게 되었다.

　그러나 핑크는 불완전한 개념에 기반을 두고 있다는 점에
서 불안정한 색이기도 했다. 핑크색 구름 상태에 있는 한 극
단적인 감정, 오락가락하는 기분을 숨길 수 있다. 술을 마시

지 않아야 하는 모든 상황을 거친 것만으로 자신은 엄청난 시험대를 통과한 것이라고 생각할 수 있다. 그 결과 자신을 강인한 사람이라고 느낀다. 알고 보면 '핑크색 구름'은 커다랗고 자아도취적인 감정과도 같은 것이었다.

술을 끊었다고는 하지만
아직 모든 계절과 축제의 날들을 겪은 것은 아니다.
끝없이 긴 겨울과
초봄의 따뜻한 햇살에 웅성거리는 마음
여름이 별일 없이 지나간 듯한 아쉬움과
하염없이 흘러가는 시간을 들여다보는 가을
뭔가를 이루지 못한 삶에 대한 불안과
때때로 고통스럽게 느껴지는 외로움
파트너 없이 보내는 크리스마스와 새해.

그렇다. 아직은 술을 끊고 나서 마주해야 할 진정한 시험대 앞에 서지 못한 것이다. 직장이나 파트너의 유무, 외모 같은 외부적인 요인과는 상관없다. 자신이 원하던 안정감과 평화를 아직 얻지 못했다는 깨달음과 동시에 스스로 끊임없이 노력해야만 술을 끊고 살 수 있다는 것을 알게 되는 것이다. 즉 아직도 파트너와 이별하거나 직장을 잃거나 가까운 사람이 죽거나 하는 상황이 오면 언제든지 다시 술을 먹을 수 있는 커다란 함정이 존재한다는 것을 의미한다.

술을 끊고 맑은 정신으로 하루하루를 살던 그 어디쯤을 지나 삶에 대한 나의 비전이 너무나 협소하고 한계가 분명하며, 삶에서는 절대로 얻을 수 없는 꿈을 갖고 있다는 절망감을 느낀 게 언제인지 기억하지는 못한다. 모든 것이 훨씬 분명하게 보이기 시작한 건 적어도 1년이 지난 다음이었다. 365일은 생각보다 긴 시간이었다. 핑크색 구름이 걷히고 나면 술을 마시지 않은 상태로 버티기가 훨씬 더 어려워진다. 잠시 너무나 좋았던 이런저런 감정이 차분하게 가라앉고 맑은 정신이 특별함이 아닌 일상이 되어 갈 때쯤이다.

나는 그때 교제를 시작한 지 6개월이 지나 이제 같이 살면 어떨까 생각했던 나의 파트너와 헤어지게 되었다. 우리 모두 감당할 수 없는 것을 서로에게 지나치게 원하고 있었고 같이 있어야 할 이유가 점점 수수께끼가 되어 가던 참이었다. 이럴 때 키안티 와인이라도 한두 병 있다면 얼마나 좋을까 나는 여러 번 생각했다. 대신에 나는 다시 담배를 피우기 시작했다. 몇 달 후 술을 끊었던 나의 친구 중 하나는 다시 술을 마시기 시작했고 얼마 되지 않아 스스로 목숨을 끊었다. 그녀는 내가 아는 사람 중 가장 재능이 넘치고 성공적인 인생을 살아왔다.

얼마 지나지 않아 크리스마스를 같이 보냈던 친구가 암으로 세상을 떠났다. 그러던 중 다니던 직장까지 잃게 되자 나는 술을 마시고 싶다는 강렬한 욕구에 사로잡혔다. 월간 잡지사에서 3년간 함께 일해 오던 편집장이 직장을 그만둔 것이다. 새로운 편집장이 들어오면서 편집국에는 이런저런 변화와 자리바꿈이 있었고, 나는 그 환경에 도무지 적응할 수 없었다.

암담한 미래에 대한 불안감에 사로잡히는 느낌이 들었다. 결국 해고되었다는 얘기를 듣자 레드 와인을 마시고 싶다는 욕구가 나를 휘감았다. 얼마나 강렬했던지 그 욕구가 사지의 끝부터 가장 깊숙한 내장까지 온몸의 혈관을 타고 흐르며 나를 뒤흔들었다. 무엇인가를 마심으로써 지금까지의 일을 간단하게 돌이키고 망각할 수 있을 것만 같았다. 온몸이 너무나 간절하게 술을 원해 부들부들 떨리는 느낌이 들었다.

나는 A.A. 친구에게 전화했다. 그러고는 그의 집을 찾아가 소파 위에 누워 몇 시간을 보냈다. 그리고 술 대신 친구와 함께 자조 모임에 갔다. 몇 시간 후 변호사는 나에게 직장을 잃은 것이야말로 대단한 기회라고 말했다. 한 번도 인정해 본 적 없고 그 사실에 수치심을 느끼기도 했지만, 거의 돈 때문에 해 왔던 일을 그만둘 수 있는 기회라며 오히려 응원했다. 그랬다. 드디어 나에게 좀 더 어울리는 일을 할 수 있는 기회를 가진 셈이었다. 물론 그 대가로 한동안 적은 돈으로 살아야 했지만.

핑크색 구름 모드를 지나고 나서 나는 다시 상황이 악화될 것이라고는 한 번도 생각하지 않았다. 이 세상에서 술 마시는 것처럼 어처구니없는 일은 없다고 여겨지는 몇 달이 지나고 술에 대한 욕구와 다시 마주치다니! 그 자체만으로 충격적이었다. 마치 오래전에 작별했다고 여긴 집착의 한 부분이 돌아온 것 같은 묘한 느낌이었다. 극단적인 상황 앞에 감정이 최고조가 되었을 때 두뇌의 접합부가 뜻대로 움직이지 않는 것과 같았다. 다시 고삐를 쥐고 일상으로 돌아오기 위해서는 이 어처구니없는 상황에 대한 대비가 필요했다.

이 위기의 상황에서 큰 도움이 된 건 두 가지다. 하나는 더 이상 술을 마시지 않는 사람들과 대화를 나누며 내 머릿속에서 정말로 위험한 상황이 벌어지고 있다는 걸 이해하게 된 것이다. A.A. 모임에서 자주 하는 이야기가 있다. "모든 사람은 가끔 미칠 때가 있다. 하지만 다행히 한꺼번에 미치지는 않는다"는 말이다. 언제나 위안의 말을 건네주는 누군가가 곁에 있었다.

또 다른 하나는 이런 상황에서 현실을 직시하고 내가 가진 의식의 사고를 최대한 활용해 볼 기회로 사용할 수 있었다는 점이다. 내가 얼마나 강인한 사람이고 의지가 굳은 사람인지, 나 자신을 시험해 보는 것처럼 말이다.

만약 술병을 열었다면 어떤 일이 벌어졌을까? 첫 번째 잔은 천천히, 한 모금 한 모금을 음미하면서 마셨을 것이다. 행복한 느낌과 서서히 밀려오는 망각의 시간. 동시에 두 번째 잔을 마시고 싶은 갈망이 들 것이고 두 번째 잔은 조금 빨리 마실 것이다. 두 번째 잔에서 세 번째 잔, 세 번째 잔에서 네 번째 잔으로 가는 길은 매우 쉽다. 몇 주 혹은 몇 달 동안은 잘 버틸 수 있었지만 이제는 더 이상 참을 수 없다는 생각이 들 것이다. 이제 와인을 미네랄 생수처럼 마시는 때가 곧 올 것이고, 계속 마시다가 보드카로 주종을 바꾸고 어디선가 코카인 같은 마약도 구해서 하려 들 것이다. 바에서 클럽으로, 클럽에서 누군가의 집으로 가게 될 것이다.

요행히 내 집을 찾아올 수도 있지만 반대일 수도 있다. 어떤 경우라도 잠들기 전에 마신 걸 다 토하게 될 것이고 그건 깨어나서도 마찬가지일 것이다. 잠이 깨면 허겁지겁 혹시 상처가 나지 않았나 내 몸을 확인하고, 술과 택시비 혹은 마약값으로 얼마를 썼는지 확인하려고 지갑을 뒤질 것이다. 아스피린을 먹지만 위장이 받아들이지 못해 다시 토해 낼 것이고, 탈진한 나는 욕조에 물을 받을 것이다. 욕조에 누워 눈을 감고 어젯밤에 있던 일을 다시 떠올리려 애쓰다가 뭔가 기억이 나면 다시 지우려 애쓸 것이다.

이렇게 술 마시고 싶은 욕구가 갑자기 치솟는 순간—보통 그 순간은 몇 초에 지나지 않는다—을 잘 넘겨야만 한다. 당신이 원하는 것은 단지 한 잔의 와인이 아니다. 첫 번째 잔을 마셨을 때 일어날 수 있는 상황을 상상해 보는 건 진실을 파악하는 데 도움이 된다. 금주 초기에 필요한 여러 다른 극복 전략과 더불어 꼭 배워야 할 것은 알코올중독에 따른 여러 광적인 일화를 기억하고 자신의 질병을 존중하는 일이다.

'핑크색 구름'이 사라지고 나면 자신을 기본적으로 더 잘 이해할 수 있게 된다. 자신이 질병을 앓고 있으며 이것은 평생 지속되는 것으로, 술에 관해서는 머릿속에서 어떤 생각이 떠오르더라도 자신을 믿지 말아야 한다는 것을 말이다.

삶은 항상 당신보다 지혜롭다. 살다 보면 전에는 상상도 할 수 없던, 술 없는 삶이 가능해진다. 그리고 모든 불확실성과 좌절에도 불구하고 그 전에는 결코 알지 못했던 명료한 의식과 불가능할 것 같던 자유로움 그리고 좋은 줄 몰랐던 솔직함이 함께한다. 이러한 삶은 아름답다.

하루하루 삶의 계획을 따르다 보면 자동으로 새로운 삶에 잘 적응할 수 있게 될 것이다. 미래에 대한 두려움이나 수치심 혹은 죄의식도 덜 느끼게 된다. 또한 자신이 화학물질 속으로 더 이상 숨지 않아도 된다는 사실을 깨닫게 된다. 모든 것에 답을 주지 않아도 괜찮으며, 어떤 질문이나 기대 혹은 판단은 무시하는 게 더 낫다는 것을 깨닫기도 한다. 삶이란 아름다울 수만은 없으며, 행복한 사람이 되기 위해서는 때로 고통을 감수해야 한다는 것도 알게 된다. 사람들 사이에서 다시 신뢰를 얻거나 오래된 상처에서 회복되려면 시간이 필요하다. 세상에 즉각적이고 효과적인 해결책이란 없다.

앞서 말했듯 해결할 수 없는 문제가 발생할 때 술이나 약에 의존하지 않아도 될 것 같은 자신감을 갖는 데는 적어도 1년이 필요하다. 내 마음속에서 따로 놀고 있는 것 같던 여러 조각이 천천히 새롭게 재조립되는 데도 1년 이상이 걸렸다. 어떤 종류의 두려움이 사라지고 혼자서도 살아갈 수 있겠다는 생각이 서서히 생길 때까지는 그만큼의 시간이 필요했다. 현실을 그대로 받아들이자는 느낌이 몇 초 이상 지속되는데도 그랬다. 내 삶이 새롭게 시작되고 있으며, 그것이 어떤 방향으로 갈지 전혀 모른다는 것을 이해하는 데도 그만큼의 시간이 걸렸다.

7장

술 마시는 사람들 속에서 홀로

사람들이 "왜 더 이상 술을 마시지 않느냐"고 나에게 물으면 나는 보통 이미 너무 많이 마셨노라고 대답한다. 하지만 종종 믿을 수 없다는 반응을 접하기도 한다.

"정말로 한 방울도요? 진짜 절대로 안 마신다구요? 반주로 한 잔도 안 하세요?"

그러면 나는 살면서 평생 한 번도 반주로 단 한 잔만 마신 적은 없었노라고 너스레를 떨었다. 물론 실제로 반주를 한 잔만 마신 경우도 몇 번 있었으니 거짓말을 한 것이다. 나는 그날의 반주 분위기가 한 잔 이상의 술로 이어질지 늘 관심을 갖곤 했다. 대화가 이어지면 '내가 한 잔 더 마시게 되면 어떤 일이 벌어질지'에 대해 농담을 하곤 했다. 한두 시간 안에 테이블 위로 올라가 춤을 출 것이며, 거짓말이 확실한 말을 늘어놓으며 작가다운 능력을 보일 거라고 호기를 부렸다. 그리고 누군가는 다음 날 엄청난 숙취에 시달리게 될 만큼 마시게 될 거라고 말이다. 장담하지만 이건 진실에 가까운 말이다. 그런 다음 나는 순진한 표정으로 너털웃음을 지으며 이 말을 들은 상대가 다른 주제로 옮겨 갈 것인지, 술에 관심을 갖는지, 아니면 자리를 마칠 때가 된 건지 알아챌 수 있었다.

거의 모든 사람이 술을 마신다. 전부가 마시는 건 아니지만 대부분의 사람이 술을 마신다. 바에서, 클럽에서, 레스토랑 파티장에서, 회식 자리에서, 해변에서, 노천 맥주집에서, 공원에서, 생일·결혼식·부활절·크리스마스·신년 파티에서 술을 마신다. 도시와 시골을 가리지 않고 신입 사원 환영회나 송별회에서 결속을 다지거나, 연극 혹은 오페라 공연 휴식 시간에도 마신다. 휴일이나 평일—간혹 점심식사 때부터 마시기도 하고, 일요일에는 아침부터 술을 마시는 사람도 있다—얼마나 많은 장소와 상황을 빌려 우리가 술을 마시는지, 술을 끊고 나서야 비로소 알게 되었다. 술은 이 세상 어디에나 있다. 직장에서 집으로 돌아오는 길에는 바와 술집이 늘어서 있고, 일렬로 진열된 슈퍼마켓 진열장에는 와인과 주류가 즐비하다. 버스와 지하철 정류장에는 주류 광고판이 환하게 켜져 있고, 극장 영화 광고에는 무슨 의무처럼 반드시 맥주 광고가 등장한다.

간혹 비판적인 목소리가 나오기도 하지만 언론에 비치는 알코올의 이미지는 대체로 긍정적이다. 종종 술은 삶에 있어서 핵심적이며 화려하고 남성적 매력을 지닌 것으로 묘사된다. 현실과 얼마나 차이가 있든 상관없다. 최근 영국의 두 의사는 《영국의학저널》의 크리스마스 특집판을 위해 소설을 바탕으로 한 제임스 본드 영화에 대한 연구 결과를 발표했다. 이들은 제임스 본드가 마시는 술의 양이 1일 기준 남성 권장량의 4배가 넘는다고 말했다. 그러면서 본드는 간경변증 위험과 조기 사망의 위험이 상당히 높은 사람이라고 썼다. 영화 〈007〉의 멋진 주인공 제임스 본드의 실체는 알코올의존증 환자이며, 자신의 임무를 수행할 수 없을 정도로 약한 체력을 가진 성불구자가 확실했다.

술을 좋아하지 않는 사람이라도 사회 관습상 아예 술을 피하기는 불가능하다. 그래서 예전에 나는 축제나 개업식에 가면 모든 사람이 술을 마신다고 생각했다. 하지만 그게 아니었다.

> 모든 사람이 술을 입에 대는 건 사실이지만,
> 특정한 일부 그룹에 속한 사람들이
> 특히 더 많이 마신다는 걸 깨달았다.
>
> 나 역시 그 그룹에 속해 있었다는 걸
> 본능적으로 느꼈다.

　그들은 몸을 비틀거렸다. 더 크게 웃었고, 더 정신없이 여기저기를 휘젓고 다니며, 더 많은 사람과 눈인사를 주고받았다. 옷매무새는 처음과 다르게 헝클어져 있었고, 분위기와 동떨어진 표정으로 무언가 심각한 고민이나 고독감에 휩싸여 있는 듯한 모습을 보였다.

　제3자의 입장에서 파티에 참석한 사람을 관찰해 보니 그보다 몇 배 많은 사람이 한 잔이나 많으면 두 잔의 와인을 마실 뿐이었다. 그들은 차분했으며 참석 모임에 적합한 행동을 했다. 절제되었지만 흥겨워 보였고 그 자체를 즐기며 웃고 있었다. 그들에게 술은 그날의 일부분에 속해 있었다. 술을 마시는 일이 본래의 취지를 갈아 치우고 있지 않았다. 이것을 깨닫고 난 뒤 뒤통수가 얼얼해지는 느낌을 받았다.

출장을 가면 주체 측이 제공한 몇 병의 샴페인을 누구보다 빠르게 마셔 왔다. 베이징 대로변에 있는 인공 튤립 화단에 술에 취해 뻗어 누워 있기도 했다. 저녁 식사에 초대받은 날 새벽 3시, 친구의 평생 배우자와 부엌에서 키스를 나누는 일은 정상은 아니었다. 파티장에 들어서자마자 이미 마약을 한 것처럼 보이는 사람을 찾아 코카인을 같이 흡입하는 것도 누구나 하는 행동은 아니었다. 그럼에도 술 취해 저지른 가장 부끄럽고 저급한 짓—그것도 한두 가지가 아니다—들을 나 혼자만 하지는 않았다는 위안을 하고 있었다. 하지만 적극적인 음주층을 제외하고는 그 누구도 나처럼 마시지 않는다는 사실을 그제야 알게 되었다.

나를 놀라게 한 다른 하나는 주변에 술이 넘친다는 사실과 내가 원하지 않아도 술 마시는 사람을 내 일상의 한 부분으로 받아들여야 한다는 사실이었다. 북극의 섬으로 가도 술로부터 도망치는 것은 불가능한 세상이었다.

술은 우리 문화에 너무나 견고한 모습으로 자리하고 있다.

술 없는 삶을 상상할 수 없는 지경에 이른 것이다. 정치나 경제, 예술, 문학의 세계, 지역 축구 클럽이나 자율 방범대 등에도 술은 속속들이 뿌리를 내리고 있다. 술은 우리의 사회적·문화적 의식 속에 너무나 깊이 뿌리내리고 있어서 대부분은 그것을 깨닫지 못한다. 모든 곳에 편재하기 때문에 우리는 알아차리지 못한다. 당신이 술을 끊었다고 해서 가족이나 친구 혹은 직업 세계에서 만나는 이들이 술을 끊지는 않는다. 그런데도 우리가 꼭 술을 끊어야 할 이유가 대체 뭔가?

우선 술을 마시지 않으면 술자리에 어울리지 않게 된다. 그 사실을 받아들이고 나면 빨리 적응할 수 있다. 지금의 나는 주위 사람이 술을 마신다는 것에 마음이 흔들리지 않게 되었다. 때로는 술 없이 그들과 한자리에서 즐길 수도 있게 되었다. 물론 예전처럼 파티에 오래 머무르지는 않고 종종 사교적으로 어색한 순간이 있긴 하지만, 금주가로서 '정당화를 강제적으로 요구당하는' 상황에 익숙해지기란 무척 어렵다. 모든 상황에서는 아니지만 생각하는 것보다 자주, 사교 모임에서 누군가 술 한 잔을 내 손에 쥐어 주는 일이 생긴다. 간혹 집단적으로 술 마시기를 강요하는 분위기가 조성되기도 하고, 때론 보다 명확하게 말로 표현되기도 하고, 또 약간 공격적인 방식으로 전달되기도 한다. 물로 건배를 하면 안 된다고 말하거나 "한 잔 정도는 괜찮잖아. 오랜만에 만났는데 유난 좀 떨지 말라고"라고 대놓고 말하기도 한다. 비슷한 예는 무수히 많다.

 대부분의 경우 술을 전혀 마시지 않는다고 말하는 것만으로는 충분하지 않다. 따라서 술을 끊은 사람들은 이런 상황에 대처하기 위한 전략을 세운다. 절반의 진실이라는 전략을 선택해 술맛을 좋아하지 않는다거나 건강의 이유로 술을 마시지 않는다고 대답한다. 여성의 경우는 임신 확률이 있다거나 임신 중일 거라고 착각해 주는 걸 마다하지 않기도 한다.

 미국 작가인 데이비스 세다리스는 프랑스에서의 삶을 묘사한 글에서, 온갖 종류의 축제에 참석해 술잔을 건네받게 되면 가능한 한 빨리 옆에 있는 파트너에게 건네줬다고 한다. 그것이 어째서 술을 마시지 않는가를 설명해야 하는 것보다는 쉬운 일이었다고 했다. 독일 작가인 벤야민 폰 슈트크라트-바레는 예전에 너무 많이 마셔서 요즘에는 조심하고 있다는 짧은 설명을 준비했다고 고백했다.

하지만 내 변명과 상관없이 술에 대한 주제로 대화가 이어지면 정말로 괴롭다. 대화를 나누는 상대에 따라 다르지만 얘기하다 보면 완전히 어리석은 편견과 씨름해야 할 때도 생긴다. 어처구니없는 건 독일에서는 금단증세를 평생 안고 살아야 한다는 편견까지 있다는 거다. 이런 편견은 대화에서뿐 아니라 신문이나 잡지 기사에서도 볼 수 있다.

개인적으로는 어처구니없는 일도 자주 목격하곤 한다. 가령 알코올의존증과 관련해 영어의 '회복Recovery'란 단어가 독일어로 '금단증세Entzug'로 번역된 것을 볼 수 있다. 실제로 회복이나 치유를 의미하는 단어인데도 말이다. 하지만 열에 아홉은 독일에서 Recovery를 금단증세로 표현하고 있다.

미국 드라마 〈프렌즈〉로 스타가 된 매튜 페리가 버락 오바마 전 대통령으로부터 '회복의 챔피언상'을 받았을 때도 남독일 신문을 비롯한 여러 독일 언론에서 이 상의 이름을 '금단증세의 장인'이라고 번역했다. 2001년에 술을 끊은 페리가 대중에게 과거 알코올중독 경험을 매우 솔직하게 이야기하고, 말리부에 중독 센터를 개설하고, 기회가 있을 때마다 알코올중독에 대한 사람들의 인식을 일깨우기 위해 노력했는데도 말이다.

이 번역에는 페리가 십여 년 동안 오로지 술만 생각하고, 술 마시고 싶은 강렬한 열망과 매 순간 싸워야만 했을 것이라는 괴이한 추측이 담겨 있다. 독일은 금주가들에 대해 이런 편견을 뿌리깊이 갖고 있다. 한 잔의 와인 앞에서 언제든 마시고 싶은 충동이 폭발해 버릴 수 있는 위험천만하고 고통과 인내를 수반한 행동 과정이라는 의미가 깔려 있다. 자신이 가장 좋아하는 걸 평생 가까이할 수 없는 처지에 놓인 사람이라고 생각하는 거다. 게다가 매일매일 인내를 달고 사는 슬픈 사람이라고 여긴다.

이런 편견은 모욕적인 데다 금주가들을 어린애로 취급하는 방식이기도 하다. 의존증은 당연히 치유받아야 할 질병이다. 거기다 나를 비롯한 금주에 성공한 사람은 술 마실 생각으로 시간을 보내고 있지 않다. 금주하는 사람의 시간 역시 다른 사람과 마찬가지로 매우 평범하고 정상적으로 흐른다. 하루의 시간을 해결해야 할 일들과 하고 싶은 걸 하는 데 쓰는, 지극히 평범한 행동을 하는 데 쓴다는 말이다. 어째서 영원히 금단증상에 시달리겠는가? 술을 끊고 나서 맞이하는 삶은 대개 매우 아름답고 새로워서 오히려 더 즐거운 것을.

감정적으로 힘든 시기조차도 그전보다 훨씬 행복하게 지낼 수 있다. 물론 기복은 있게 마련이다. 하지만 그건 술과 상관 없이 삶에서 오는 지극한 당연한 일일 뿐이다. 흥미로운 점은 우리 사회가 금주를 실천하는 사람에게 오히려 관대하지 않 다는 점이다. 술집과 레스토랑, 사무실과 거실을 채우고 있는 적극적 알코올 섭취자보다 더 병적인 사람으로 보는 시각이 있다. 음주 문제가 있는 사람은 그저 신나게 축하할 일이 있 거나 아니면 '쾌락주의자'라고 생각한다. 동료가 아침에 숙취 에 시달리는 모습을 보고서도, 점점 변덕스럽고 자기중심적 이고 폐쇄적으로 변해 가는 모습를 보고서도, 술을 마실 때면 아슬아슬하게 선을 넘나드는 모습을 보고서도 그것이 알코올 중독이라고 생각하지는 못한다.

내가 살고 있는 독일은 술에 이렇게나 관대한 문화가 존재 한다. 나는 그걸 무척 다행으로 여겼다. 만약 뉴욕에서 그렇 게 취한 모습으로 있으면 바텐더가 집에 가라고 할 것이고 택 시도 승차를 거부할 거다. 더 이상 책임 있는 행동을 할 수 없 는 상태가 되면 경찰이 체포해 주정뱅이를 유치장에 집어넣을 수도 있다. 내 경험에 의하면 음주에 관대한 독일 문화 덕분에 술 취한 사람을 어떻게든 집에까지 데려다주는 경우가 많다. 그에 비해 금주가는 눈에 잘 띈다. 누군가 술을 마시지 않음으로써 상대의 맹점을 부각시킨다. 어떤 사람에게는 자신이 겪을 숙취 이상의 결과를 인식시키는 것이고, 자신의 건강에 대한 공포심을 부각시키기 때문인지도 모른다.

물론 다른 사람들이 얼마나 마시는지 신경 쓰는 사람은 없다. 그러나 금주가는 신기하게 생각하고 특이한 사람으로 여겨 만나 보고 싶어 한다. '정말로 그런 사람이 존재한다고?', '술 한 잔을 받아 놓고 마시지도 않고 몇 날 몇 주 동안을 술 없이, 술에 대한 생각도 없이 살 수 있다고?'라는 의문을 품으며 말이다.

독일의 축하 문화에도 변화의 조짐은 있다. 의존증에 대한 경고를 더 많이 받고 자랐으며 다른 생각 구조를 가진 젊은 세대를 보면 더 그렇다. 적어도 내가 느끼기엔 그렇다는 의미다. 술을 한 방울도 마신 적이 없으며 현재도 마시지 않지만 사회생활에 전혀 문제가 없다는 젊은이들을 종종 만나게 된다. 놀라 뒤로 자빠지는 건 대개 내 몫이다.

사실 금주가에 대해 나쁜 인상을 갖고 있는 건 규칙적으로 술을 마시는 쪽이다. 자신과 과거 음주가 사이에 거리를 두려는 심리지만, 실제로 그 거리는 매우 가깝거나 거의 존재하지 않는다. 이들은 금주를, 요가나 운동법 같은 다이어트처럼 한때 유행하고 말 것으로 여기며, 건강 마니아층의 무리한 시도 중 하나라고 생각한다.

종종 이들은 금주를 술에 대한 적대적 태도로 받아들이는데 이건 금주가의 의도와 전혀 상관없다. 많은 사람이 오해하는 것들 중에는 이들이 언제나 금주하고자 애쓰고 있다고 여기는 것이다. 그래서인지 때로는 지나칠 정도로 진지하게 파고드는 질문을 하거나 공격적인 태도로 "왜 즐길 줄 모르는 삶을 사느냐"고 따져 묻기도 한다.

그런 사람에게 나는 그게 어떤 즐거움인지 잘 알고 있다고 말해 주고 싶다. 또한 마음만 먹으면 나도 누구보다 잘 마실 수 있고, 30분 안에 재미있는 저녁 이벤트를 꾸며 낼 수도 있으며, 그들이 상상할 수 없는 향락을 평생 누려 왔다고 우쭐대고 싶다. 물론 그런 말을 내뱉은 적은 없다. 내가 하고 싶은 말이 정말로 사실인지 확신할 수 없기 때문이다. 또 내 얘기를 어떻게 듣고 느낄지 정확하게 알고 있기 때문이다.

나는 나와 술을 마시던 한 무리의 친구들과 어디까지라도 함께 가고, 서로의 행동을 묵인해 주며, 필요하다면 망각의 베일을 서로에게 던져 주자던 은밀한 약속을 저버렸다. 그러니 이들에게 잔소리할 권리도 없다. 게다가 과거의 화려한 전력을 마치 힘들게 쟁취한 전리품인 양 자랑한다는 것도 그다지 좋아 보이지 않는다.

아무튼 나는 술을 끊음으로써
예전보다 훨씬 홀가분하고
죄의식과 부끄러움 없이
삶을 즐길 수 있게 되었다.
거기다 진정한 평화와 행복의 순간을
맞이하게 되었다.

내 온몸의 세포를 통해
자유로운 추락은
진정한 자유가 아니었음을 깨달았다.

하지만 파티의 짧은 대화를 통해 이런 마음을 어떻게 설명할 수 있겠는가? 나에게 주어진 술이 넘치는 저녁을 이미 모두 써 버렸다는 것을 어떻게 설명할 수 있을까? 나는 반쯤 빈잔을 바라볼 때의 불안한 눈동자와 술의 양이 부족할지도 모른다는 대책 없는 두려움을 생생하게 기억하고 있다.

이제 나는 그런 두려움에 더 이상 시달리지 않는다. 나는 사람들이 내가 건강해지기 위해, 더 나은 용모를 위해, 더 오래 살기 위해 술을 끊었다고 생각하든, 아니면 내가 광신자나 똑똑한 사람이라고 생각해서 술을 끊었다고 생각하든, 전혀 상관하지 않는다. 그렇게 생각해서 기분이 좋아진다면 그건 그 사람의 자유다. 그들이 내가 내린 결정 때문에 술을 마시고 싶은 생각이 들었다면 그렇게 하라고 하겠지만 내 탓은 아니라고 말하고 싶다.

나는 괜찮다. 하지만 만약 어느 때든 도움이 필요하다면 나에게 도움을 청하시라. 나는 당신을 도울 수 있다. 정말이다.

8장

행복과 망각의 경계에서

사람들은 행복에 대한 추구와 망각에 대한 추구를 언제나 혼동한다. 술에 취하거나 의식을 대체할 수 있는 물질을 섭취하는 건 인류에게 부자연스럽거나 특별히 파괴적인 현상이 아니다. 리하르트 대븐포트 히네스와 같은 역사학자들은 중독을 인류의 지속적인 요소로 봤다. 특별한 이유로 술을 마시지 않는 사회에서는 다른 종류의 중독성 식품을 섭취한다. 고대 이집트인들은 맥주를 제조해 마시면서 동시에 아편도 사용했는데 그 사용법은 무려 700가지가 넘었다.

마약의 오용이나 남용으로 정신적·육체적으로 피폐해지거나 목숨을 잃는 사람은 역사적으로 언제나 있었다. 조지 6세도 그중 한 사람이었고, 교황 레오 13세, 정치가인 벤자민 프랭클린, 오토 폰 비스마르크, 윈스턴 처칠, 과학자인 토마스 에디슨, 예술가인 빈센트 반 고흐도 여기에 속한다. 술은 언제나 슬프거나 지루하거나 화난 사람들에게 출구가 되어 줬다. 가혹한 삶에서 스스로를 보호하고, 더 잘 견딜 수 있게 했으며, 불안한 미래와 마주할 수 있는 힘을 줬다. 망각 속으로의 탈출은 인간의 본능인 것이다.

술을 끊은 이후 많은 사람이 본인이나 가족의 술 문제로 상담을 원했다. 그들은 모두 두려움에 휩싸여 있었다. 술 때문에 사랑하는 배우자와 관계가 무너졌고, 술에 무너진 그 사람이 자신에게 해로운 일을 하지는 않을까 걱정했고, 어쩌면 자신도 중독에 빠지지 않을까 하는 두려움을 맞이했다.

누군가는 의존증을 걱정하면서까지 술을 마시는 사람이 있다는 걸 낯설어 할지 모른다. 하지만 너무 많은 사람이 다음날 아침, 심각한 죄의식과 수치심을 느끼며 잠에서 깨고 있다. 누군가는 자신이 오래전부터 알코올중독자였다는 사실을 인정하지 못한 채 불안과 의혹에 시달린다. 하지만 그런 두려움을 표현하는 사람조차 극소수다. 대부분 이 문제를 고민해야 하는지조차 모르고 있다.

매년 2월이면 친구나 지인들은 부활절 전 금식 기간 동안 술을 끊을 계획인지 서로에게 묻곤 한다. 물론 몇 주 동안 술 없이 지내겠다는 약속을 굳이 서로에게 할 필요는 없다. 그래도 나는 이 계획에 찬성한다. 어쨌든 술을 적게 마시는 데는 도움이 될 테니까. 금식 기간이 금주를 위한 대중적이고 의심할 여지 없는 알리바이를 제공해 주는 것도 좋다. 그러나 일시적 금주 정도에 지나지 않기에 특별히 더 할 말은 없다.

나 또한 간헐적으로 금주를 실천해 봤지만
스스로 술을 조절할 수 있겠다는
자극을 받은 것 외에 별 이득은 없었다.
장기적으로는 점점 더 술을 마시게 될 뿐이었다.

잠깐의 절주는
통제 능력을 보여 주는 신호가 아니라
오히려 통제력이 상실되는 신호인 것이다.

적은 양이라도 술을 규칙적으로 마시면 두뇌 속 세포의 생
화학적 구조가 지속적으로 변화한다는 사실을 아는 사람은
거의 없다. 지난 15년 사이 음주로 인한 연구는 발전을 했지만
여전히 미진한 부분이 많다. 오랫동안 알코올의존증은 육체
적 결함에 의한 질병으로 간주되었는데, 특히 간이나 췌장에
위험한 질병 그리고 금단증세로 망상이나 헛소리 등을 하는
질병으로 여겨졌다. 간 수치가 걱정될 정도의 수준이라면 알
코올의존증이 이미 심각하게 진행된 것으로 보는 일 등이다.

이제는 의학계에서도 알코올중독을 보는 패러다임이 점점
변하고 있다. 알코올성 질병이 일종의 신경학적 질병으로 받
아들여지고 있는 것이다. 알코올의존증이란 뇌가 학습에 실
패하면서 치명적인 결과를 직면하게 되는 현상이다. 습관적
음주는 한 번 배우면 잊어버리지 않는 자전거 타는 법과 유
사하다. 술 습관은 강력한 신경 연결망으로 두뇌에 형성된다.
물론 거의 무의식적인 현상이다.

에탄올 분자는 특히 전대뇌의 핵심 구조이다. 보상이나 즐
거운 감각을 책임지는 중격의지핵Nucleus accumben에 지속적인
효과를 제공해 주는 분자다. 중격의지핵에는 신경전달물질인

도파민 수용체를 가진 신경세포가 있는데 이 신경세포가 자극을 받으면 행복감을 느끼게 된다. 도파민은 신경세포 사이에서 정보를 전달하는 임무를 맡은 전달자다. 코카인이나 암페타민이나 아편의 경우 이물질들이 도파민의 신경세포 사이 왕래를 촉진해 행복감을 증진시킨다.

술의 경우는 좀 더 상황이 복잡하다. 아직 확실히 판명되지는 않았지만 술을 마시면 여러 과정을 통해 엔도르핀 생산이 촉진되면서 신경세포 사이에 도파민이 전달되는 것을 억제한다. 이것은 광범위한 연쇄반응을 일으킨다. 술이 자극과 동시에 진정 효과를 가져다주는 셈이다.

이에 특정한 사실이나 사건을 기억하는 기능을 맡고 있는, 변연계를 조절하는 중심 기관인 측두엽에 있는 해마가 알코올의 영향을 받는다. 또한 일어난 상황이나 행동 계획을 감정적으로 판단하고 조절하는 기능인 전액골 피질Prafrontale cortex도 알코올 섭취로 인해 부정적인 영향을 받는다.

이처럼 중심부와 두뇌의 다른 영역이 연결되면서 두뇌에서는 아름다우면서도 한편으로는 비극적인, 기이한 동반 관계

같은 게 형성된다. 여기에 술을 마시면서 경험하는 특정한 느낌과 즐거움이 결합된다. 들여다보고 싶은 기억이 생기고 소리와 냄새에 사회적 의미가 추가된다. 그러면서 이런 경험을 끝없이 되풀이해서 즐기도록 만든다. 점점 효율성을 중시하는 두뇌는 경험에 익숙해진다. 그러다 보니 기능은 자동화되고 의식이 접근하는 것을 차단해 버린다. 규칙적인 음주는 두뇌의 연결망을 재배치해 그 상태로 지속되게 하는데 천천히 우리의 성격도 변하게 만든다. 구체적으로 술은 두뇌 전달 활동의 균형을 깨트리고 신경세포들을 교란시킨다. 정작 자신은 알아차리지도 못하는 사이에 말이다.

연결망 재배치의 한 예를 가시 신경 Spiny neurons에서 찾아볼 수 있다. 가시 신경은 즐거움의 중심을 차지하는 신경세포의 한 그룹으로 '돌기형 신경세포'라고 번역할 수 있다. 가늘고 긴 세포에는 여러 개의 돌기가 뻗어 나서 도파민을 수용하는 역할을 하며 다른 신경세포와 연결된다. 습관적인 음주는 두뇌에 이 가시 신경세포를 무성하게 자라게 한다. 술로 인한 신경 화학적인 불균형과 특정한 신경전달물질의 농도가 증가하는 것을 상쇄하기 위해 세포는 점점 길어지고 점점 더 많은 돌기를 갖게 된다.

세포의 이 같은 과다 성장은—아직 연구되지 않은 다른 과정과 더불어—시간이 지나면서 점점 술에 대한 내성을 강화시킨다. 그래서 술을 지속적으로 마시다 보면 느낌과 생각이 변화한다. 다시 말해 음주로 인해 두뇌가 생화학적 논리에 지배당하고 마는 것이다. 의식적인 과정이 아닌, 무의식적으로 넝쿨처럼 뻗어가는 이런 과정은 자연스러운 흐름이기도 하다. 술의 양이 증가하는 데도 두뇌는 여전히 속삭인다. 아무것도 변한 건 없으며 늘 그래 왔던 것과 같은 느낌이라고.

음주가 우연에서 습관, 습관에서 문제로 진행되는 기간은 생각보다 훨씬 짧다. 또한 전반적으로 볼 때 돌이키기 어려운 과정이다. 술을 끊고 나서도 신경세포의 구조는 평생 그대로 유지된다. 자전거 타는 법을 잊어버리지 않는 것처럼 술 마시는 습관도 잊히지 않는다. 그러므로 두뇌가 규칙적인 음주 습관에 길들여지고 있다면 술의 양을 줄이기 위해 의식적으로 반드시 노력을 해야 한다. 그동안 쌓인 내성은 술에 대한 감각을 더욱 증가시킬 게 뻔하다.

신경세포의 생물학적 변화를 경험한 사람이 얼마 동안 절주를 하다 마시게 된 첫잔의 술 맛은 생각보다 강렬하다. 보통은 특별히 더 맛있게 느낀다. 내 친구들도 금주하다 마신 첫술에 비슷한 경험을 했다고 말했다. 다시 술에 더 지독하게 빠져들기에 충분한 이유가 되어 버리는 것이다. 뇌가 이렇게 무섭다. 사람을 쥐도 새도 모르게 끌고 다니니 말이다.

의존증에 빠지게 되지는 않을까 하는 생각의 공포, 통제력을 잃고 사회적으로 고립될지 모른다는 두려움은 상당히 현실적이다. 그리고 개인적이다. 여기서 대중이 공통적인 두려움을 안고 있다고 했을 때 공동체마다 두려움을 다루는 방식은 다를 수밖에 없다. 하지만 분명한 건 두려움을 합리적으로 다루는 경우는 드물다는 것이다. 문화학자인 하르트무트 뵈메는 인간의 두려움은 문화적인 영향을 받아 형성되며, 다른 집단적 감정과 마찬가지로 미학적 현상으로 받아들여지거나 무시하도록 훈련받는다고 했다. 두려움은 공동체로부터 거의 이해되지 못하고 특정한 문화적 극복 패턴 속에 체화된다.

이런 현상은 과도한 음주로 인해 벌어질 일과 의존증이라는 현실적인 위험을 바라보는 대중의 인식과 일맥상통한다.

최근 몇 년 사이 널리 퍼진 알코올성 질환에 대한 토론에서 내가 느낀 점은, 사람들이 '나는 알코올 문제에 시달리고 있지 않다. 그건 그저 다른 사람의 일이다'라는 식의 태도를 보인다는 점이다. 정치인, 배우, 예술가, 작가, 파티 걸이야 알코올 질환에 걸리기 쉬운 위험인물일 수 있지만 나는 아니라는 태도다. 다른 사람들은 많은 양의 술을 마시지만 나는 별다른 영향을 미치지 않는, 몇 잔의 술을 마실 뿐이라는 거다.

하지만 그중에는 이미 의존증을 넘어 중독자가 된 사람들이 끼여 있다. 나는 그런 사람을 보기만 해도 바로 알 수 있다. 비참한 건 알코올 질환은 끊임없이 재발을 반복하다 결국 측은한 삶을 살게 만든다는 점이다.

언론이라는 무대는 언제나 같은 규칙을 따르는 듯 보인다. 몇 년 전 덴마크의 여배우 브리지트 닐센은 독일의 RTL 방송국 인기 TV 쇼 프로그램인 〈정글캠프〉에 출연해서 자신의 알코올의존증에 대해 고백했다. 그녀는 금단증세 치료 클리닉과 자조 단체로부터 배운 지혜를 전하며, 고통받는 다른 사람들을 비롯해 자신을 위한 기도를 잊지 않았다.

얼마 후 제니 엘버스가 대중을 위한 중독증 오페라의 새로운 주인공으로 등장했다. 그녀는 《갈라》라는 잡지의 표지 면에 순백의 크로셰 소재의 옷을 입고 등장했으며, '알코올에 대한 고백! 제니 엘버스, 사라지지 않는 진실'이라는 제목이 붙은 RTL의 한 다큐멘터리 프로그램에 출연했다. 그 후 그녀는 독일 전역의 타블로이드 잡지와 TV의 단골 등장인물이 되었다. 자유롭고 심드렁하게 보이는 알코올중독자의 모습을 한 제니 엘버스는 〈프로미 빅 브라더〉라는 독일 방송국 Sat.1의 리얼리티 쇼에 다른 명사들과 출연해 우승을 하기도 했다. 《스테른》이라는 잡지는 '고통의 승자'라는 제목의 기사를 통해 그녀의 삶에 논평했다.

'TV를 보며 그렇게 아파해 본 것은 참으로 드문 일이었다.'

하지만 그녀는 다시 과음하기 시작했다. 과음으로 치닫던 막바지에 그녀가 등장하는 기사나 토크쇼 혹은 TV 프로그램에는 그녀의 삶이 포도주와 샴페인과 보드카 없이는 불가능하다는 표현이 빠지지 않고 등장했다. 그녀는 아무도 술 마시는 것을 막지 못하도록 집 안 구석구석에 거의 서른 병의 술을 감춰 두기도 했다. 알코올 금단증세 치료 센터의 의사는 제니의 수명이 6주에서 8주밖에 남지 않았다고 진단했다.

알코올중독 고백에 관한 드라마는 이 외에도 여럿 있다. 린제이 로한이나 브리트니 스피어스와 같은 유명 여배우들이 대표적이다. 극적인 잔인함을 덧붙여 이들의 어린 시절 괴로움이 대중에게 공개되고, 이들은 감동적인 말로 이제 자신의 삶이 바뀌었다고 강조하는 것이다. 이들은 무의식적으로 자아를 상품화하면서까지 대중의 관심을 끌기 위한 게임을 하고 있다. 사실 TV 출연은 카메라에 자신을 비추고 싶은 욕망과 인정받고 싶은 유치한 욕구의 표현 방식이 아닐까 싶기도 하다.

한편 남자들이 알코올중독을 고백하고 싸우는 상황이 노출되면 의외의 평가가 나오곤 한다. 비극적 광대—하랄트 융케와 같은 이를 생각해 보라—나 구제 불능의 바람둥이—찰리 쉰은 아마 이 범주에 속할 것이다—, 인생을 즐기는 부르주아나 보헤미안—프란츠 요셉 스트라우스—으로 비춰지기도 하는 탓이다. 어쩌면 그들이 바라는 점도 같을 듯하다. 알코올중독은 여성보다 남성들에게 훨씬 많지만, 진정한 남자는 도가 지나치게 술을 마시기도 하고 실수를 저지르기도 한다는 식으로 포장하기 때문이다. 금주를 공개적으로 하는 남자는 울트라 마초 혹은 너무나 많은 술을 마셔서 이제는 완벽한 금주를 실천하는 영웅 등으로 스타일리시하게 포장된다.

그러다 보니 전직 국가 대표 축구선수였던 울리 보로프카를 다룬 기사에 '알코올중독이었지만 당대 최고의 독일 수비수였다'라거나 '알코올중독의 막바지에 접어들자 그는 하루에 스무 병의 맥주를 마시고 한 병의 보드카와 한 병의 위스키를 마시고도 성에 차지 않았는지 더 마셨다'와 같은 내용이 빠지지 않는다.

"정말 대단한 남자야!"

이 기사는 이렇게 외치고 있는 것이다. 게다가 하루에 한 박스의 맥주를 마시더라도 멋진 직업인 축구선수로서 뭔가를 해낸 것처럼 보이지 않는가! 울리에 비하면 당신은 너무 적은 양의 술을 마시고 있으니 걱정 말라는 무언의 지지도 담은 채 말이다.

합리적인 토론 과정에서조차 의존증에 대한 성적 차별은 물론이고, 자신의 음주 습관은 전혀 문제가 없으며 언제나 다른 사람이 문제라는 식의 태도를 종종 볼 수 있다.

음주 사고 이후 안드레아스 쇼켄호프가 정치인으로서의 생활을 마감하고 재활 센터에 입원하기로 하자 독일 전역에서는 정치판에서의 음주 관행이라는 주제에 대한 토론이 한바탕 벌어졌다. 하지만 이 토론은 정치인이 특히 위험에 취약하다는 전제로 시작하기 때문에 본질적으로 한계가 있었다. 여름이면 하는 정당 파티, 국회와 외교관들의 협의체나 모임 등 어디서나 술은 빠지지 않는다. 게다가 선거의 압박이나 상대 진영의 공격, 언론의 감시 등 정치인이라는 직업적 특성이 불러오는 끊임없는 긴장도 무시할 수 없다는 전제다. 물론 사실이다. 하지만 안드레아스 쇼켄호프가 질병에 걸렸으며 그것은 매우 흔한 질병이라는 사실은 어디에도 언급되지 않았다.

나는 그들처럼 술을 마신 적도 없다. 솔직히 말하면 그들이 마시는 양에 근접해 본 적도 없다. 술을 좋아하는 나로서도 완전히 상상할 수 없을 만큼 엄청난 양이다. 실제로 금주한 친구들 중에도 그처럼 많은 양의 술을 마신 사람은 없다. 알코올의존증 환자조차 그처럼 극단적인 양의 술을 마시는 경우는 매우 드물다.

다행히 나를 포함해
내가 아는 사람 중에서도
센터에 입원해 치료를 받은 사람은
몇 명 되지 않는다.

나는 발한이나 오한, 통증, 불면증,
구역질, 혈액순환 장애와 같은
전형적으로 묘사되는 금단증세도
별로 느끼지 않았다.
단지 술을 끊은 그다음 날
숙취 증세를 느꼈을 뿐이다.
내가 아는 많은 금주가도 나와 비슷했다.

그럼에도 우리는
알코올의존증 혹은 중독증 환자였다.

엘버스와 같은 명사들의 이야기를 접하게 되면 나는 말할
수 없는 슬픔을 느낀다. 그녀와 그녀가 앓고 있는 질병이 도

구화되는 것 때문만이 아니다. 돈 때문에 카메라 앞에서 3개월 동안 금주를 하는 게 얼마나 힘들었겠는가. 알코올의존증에 무지한 대중 앞에 자신을 노출시키고 심판받는 것은 또 얼마나 상처가 되겠는가. 저녁 뉴스에 나와 전 국민 앞에서 자신이 술로 인해 인생을 망쳤으며 앞으로 뭘 해야 할지 모르겠다는, 평소 가장 친한 사람 앞에서나 할 만한 고백을 하는 것은 또 얼마나 어려운 일이겠는가. 세상이 카메라를 통해 끊임없이 자신을 지켜보며 다시 굴복하기를 기다리는데, 술을 끊고 자존감을 시급하게 회복하는 데 얼마나 상상할 수 없는 힘이 필요했겠는가?

악마나 진노한 신을 달래기 위해 기억할 수 없을 만큼 먼 옛날부터 인간은 희생제를 지내 왔다. 지금 사회는 마치, 희생제가 변형된 듯한 느낌마저 든다. 우리는 그 정도로 극단적이거나 최악의 상태가 아니니 평화롭게 술을 즐겨도 된다는 자위를 하기 위해 본보기를 필요로 하는 건지도 모른다. 그들은 중독자지만 나는 간혹 지나치게 술을 마시는 것뿐이고, 그들의 병은 질병에 불과하다고 치부함으로써 현상을 차단한다.

알코올 질병에 대해 좀 더 단순하게 이야기해 보는 것이 좋겠다. 술을 끊고 지금까지 평범한 삶을 누리고 있는 사람들을 모델로 삼아 보는 게 어떻겠는가. 금주가에 대한 편견이 불러온 공포가 사실은 근거가 없다는 것을 깨닫고, 알코올의존증이란 문제를 보다 편하게 다룰 수 있다는 걸 알게 될 것이다.

근래 들어 세계의 유명 인사들이 자신이 알코올성 문제를 갖고 있다고 고백하는 모습을 접하게 된다. 그들은 무능력하거나 별종이 아닌, 우리 가까이에 있는 사람들이다. 단지 용기를 갖고 치유를 위해 자신의 상황을 받아들이는 사람일 뿐이다.

유명인을 바라보는 인식에는 양면의 칼이 존재하기에 그들 중 누군가 알코올로 인한 문제를 토로할 때 차가운 시선을 서슴없이 보내는 대중은 당연히 존재한다. 하지만 그 전에 알코올로 인한 문제가 있음을 밝힌 명사의 예를 보자. 독자들이 잘 알 법한 이름을 언급해 보고자 한다. 미국이나 영국의 경우 의존증에 개방적인 문화를 가지고 있는 관계로 명단에 포함되는 이도 그만큼 많다.

작가는 데이비드 세다리스, 스티븐 킹, 페르 올로프 엔퀴스트, 샘 셰퍼드. 배우는 브래들리 쿠퍼, 줄리 델피, 데미 무어, 알렉 볼드윈, 크리스틴 데이비스, 이완 맥그리거, 토비 맥과이어, 에디 머피, 게리 올드만, 나탈리 포트만, 틸다 스윈튼, 크리스티나 리치, 존 트래볼타, 앤서니 홉킨스, 브루스 윌리스, 콜린 파렐, 사무엘 잭슨, 에바 멘데스, 로빈 윌리암스, 짐 캐리, 제니퍼 허드슨, 다니엘 래드클리프, 제라드 버틀러, 벤 애플렉, 로버트 다우니 주니어, 톰 크루즈, 마틴 쉰, 덴젤 워싱턴. 뮤지션은 라나 델 레이, 모비, 제니퍼 로페즈, 케이티 페리, 에미넴, 프린스, 데이비드 보위, 에릭 클랩튼, 크리스티나 아길레라, 엘튼 존, 크리스 마틴, 프랭크 자파, 링고 스타, 톰 웨이츠, 찰리 와츠. 패션 디자이너는 마크 제이콥스, 존 갈리아노, 칼 라거펠트. 그리고 나오미 캠벨, 니콜 리치, 켈리 오스본, 타이라 뱅크스, 러셀 브랜드, 크리스티아노 호날두, 스티브 잡스.

어떤가! 만약 당신이 알코올중독자로 낙인찍혀 괴로운 삶을 살게 된 제니 엘버스만 기억했다면 이젠 위에 적혀 있는 유명인들을 생각해 보라. 아마 당신은 의존증과 금주 상태를 보다 있는 그대로 보게 될 것이다. 금주를 결정했거나 금주

중인 사람의 삶을 완전히 정상적인 것으로 이해할 수 있을 테
니 말이다.

담배를 사면서 나는 한 번도 얼굴이 빨개진 적이 없다. 저녁에 담배를 너무 많이 피웠다고 해서 품위나 사회적 규범에 위배되는 짓을 했다고 느낀 적도 없다. 하지만 술에 대한 의존은 확실히 수치스러운 일로 느낀다. 사회의 암묵적 동의에 위배된다고 여기기 때문이다.

아이러니한 건 술을 마시지 않는 사람도 떳떳해질 수 없는 사회적 분위기다. 어느 행사에 초대되어 저녁 식사 자리에 참석했던 날이다. 내 옆에 앉은 한 남자가 바짝 붙어 앉더니 귓속말로 은밀한 정보를 건넸다. 이 모임에 참석한 사람 중 한 명을 친히 손끝으로 가리키며 지금은 술을 전혀 마시지 않지만 실은 '전직 알코올중독자'라는 거다. 그는 내가 술을 마시지 않는 이유가 알코올중독 때문이 아니라 건강 문제나 특별한 사정에 의한 것이라고 생각한 모양이었다. 의도치 않게 웃기는 상황이었다. 나는 그에게 나 역시 '전직 알코올중독자'라는 사실을 말해 줬다. 그러자 남자는 머쓱한 억지 미소를 보이더니 이내 내 곁에서 빠르게 사라졌다.

알코올의존증에 대한 우리의 편견이 어떻든 우리 모두는 특정한 환경이 조성되면 알코올중독자가 될 수 있다. 나이와 국적, 성별과 사회적 지위, 성공 여부와 상관없이 말이다. 넓은 의미에서 보면 중독은 유전적으로 자리 잡고 있다. 일찍부터 알코올을 경험했거나 술이 강조된 환경에서 자랐다면 의존 가능성은 높아질 수 있고, 유년의 트라우마나 평범함의 범위를 벗어난 어떤 신체 조건, 불안정한 사회적 네트워크나 조건 등도 영향을 미칠 수 있다.

우리는 분명 여러 연구를 통해 가벼운 음주조차도 건강을 해칠 수 있다는 것을 알고 있다. 술에 포함된 사과산이나 호박산은 입안이나 식도 혹은 위장의 점막을 공격하고, 십이지장·궤양 등을 일으킨다. 적은 양의 알코올이라도 꾸준히 마시게 되면 구강이나 인두, 식도의 종양으로 사망에 이를 위험이 있다. 대장암이나 간암이 발생할 위험도 현저히 높아지며, 여성의 경우 하루에 한 잔의 와인만으로도 유방암 발생 위험이 7퍼센트나 증가한다. 또 수년 동안 규칙적으로 음주를 하다 보면 심혈관계에 문제가 발생할 수밖에 없다.

내가 알고 지낸 대부분의 음주자들은 신경질환이나 정신질환에 시달렸는데, 대부분 몇 달 동안 술을 마시지 않게 되자 증세가 사라졌다. 그럼에도 중·장기적으로 볼 때 알코올은 우리 몸 곳곳에 그 흔적을 남기는데 앞서도 언급했듯이 특히 두뇌에 심각한 영향을 미친다. 개인의 성격적 특성이 모여 있는 전두엽 부분은 특히 알코올성 손상에 취약하다. 술을 많이 마시면 집중력이나 기억력 혹은 단기 기억력이 급격하게 손실되며, 이와 함께 지적 능력도 같이 감소된다. 알코올 남용이 지속되면 치매나 정신병, 망상이나 환각 증세가 나타날 수도 있다. 술을 끊은 사람들로 구성된 자조 모임에 나가 보면 자살 시도를 한 사람이 얼마나 많은지에 대해 놀라게 된다. 규칙적으로 술을 많이 마시는 사람은 자살 가능성이 평균보다 50퍼센트나 높다.

일란성 쌍둥이와 이란성 쌍둥이의 음주 행동을 비교한 연구를 보면 유전적인 요인이 알코올의존증 발생 위험도의 40~60퍼센트를 차지한다는 것을 알 수 있다. 하지만 집중적인 연구가 이뤄졌음에도 정확하게 어떤 유전적 요인이 알코올의존증을 발생시키는지는 알 수 없었다. '의존증 세포'라고 할 수 있는 것은 따로 존재하지 않았기 때문이다.

그보다는 알코올중독증에 걸릴 위험은 알코올에 반응하는 25여 개의 유전자의 복합적인 상호작용이나 도파민의 활동 방식, 음주 후의 신체적 내성과 쾌감의 정도에 따라 달라질 수 있다. 하지만 위에 언급했듯이 유전자나 요인이 직접적으로 알코올중독증을 유발시키는 것은 아니다. 단지 이것들은 우리의 음주 습관이나 음주 방식에 영향을 미칠 뿐이다. 의존증으로 이어지는 가장 핵심적인 요소는 습관적인 음주다.

음주는 쾌락과 경험을 책임지는 두뇌의 신경세포 구조를 장기적으로 변화시킨다. 두뇌의 신경세포는 어떤 시점에 다다르면 알코올 섭취 없이 제대로 기능을 하지 못하게 된다. 이를 신경적응상태Neuroadaption라고 부른다.

사실 얼마나 쉽게 의존증에 빠지게 되는가는 대상에 따라 다르다. 담배는 모든 종류의 마약보다도 의존성이 강하다. 간간히 담배를 피우는 사람 중에서 흡연 중독자가 될 확률은 31.9퍼센트에 달한다고 미국의 연구 단체는 밝혔다. 같은 연구에서 간간히 술을 마시는 사람이 알코올중독자가 될 확률은 15.4퍼센트였다. 헤로인은 중독률이 23.1퍼센트였으며 코카인은 16.7퍼센트, 대마초는 9.1퍼센트의 중독 가능성을 보였다.

담배가 가장 높은 중독성을 보이긴 하지만 가장 부정적인 결과를 일으키는 물질은 술이었다. 영국의 의사들은 2010년에 중독 물질이 인간과 주변 환경에 미치는 폐해를 1에서 100까지 수치화한 장기간의 연구 결과를 발표했다. 연구 기준은 육체적·심리학적 질병에서 사회적·경제적 영향에 이르기까지 다양했다. 그 결과는 무서울 정도였다.

대마초가 이 연구에서 20이라는 수치를 보인 반면, 니코틴은 코카인과 같은 30의 수치를 보였다. 헤로인은 55라는 높은 수치를 보였다. 하지만 압도적인 선두는 72라는 수치를 기록한 술이 차지했다. 분명 이 연구는 하나의 가이드라인을 제

시하고 있다. 그럼에도 알코올중독을 그렇게나 많은 사람이
부정하고 있다.

과음은 마약들보다 훨씬 심각한 폐해를 불러온다. 이건 단
지 죽음, 질병, 사고, 범죄 문제만은 아니다. 우리 모두 술 때
문에 망가진 사람을 알고 있다. 자기 파괴의 무게를 견디지
못하고 무너진 가족이나 친구 혹은 커플을 우리는 알고 있다.

> 과음의 책임은
> 과음한 본인에게 있다고
> 우리는 생각한다.
> 동시에 우리는 우리 이야기가 아니라고 생각한다.
>
> 술 문제는 언제나 남의 문제인 것이다.

자신에게 술 문제가 있다는 것을 인정하지 않고 다른 모든
사람처럼 마시며, 자신의 음주 습관을 타인에게 숨길 수 있다

면 사회적 오명을 뒤집어쓸 일이 없다고 생각하는 것이다.

　미국의 지성인 수전 손택은 『은유로서의 질병』에서 암에 대한 편견에 대해 이야기했다. 연구를 통해 그녀는 인간의 역사를 통틀어 봤을 때 거의 모든 질병에 대한 편견이 있어 왔음을 밝혔다. 그녀가 이 책을 썼던 1970년대만 해도 암 연구는 걸음마 단계였다. 그녀는 여러 형태의 유방암 진단을 받았는데 완치 가능성은 낮았지만 결국은 살아남았다. 하지만 치료와 회복 과정에서 수없이 많은 편견과 마주해야 했다.

　가령 암이야말로 경직되고 긴장에 가득 찬 사람들이 걸리는 질병이며, 결국 심리적 불균형이 병으로 나타난 것이라는 편견이었다. 다시 말해 환자에게 병에 대한 책임이 있다는 것이다. 그녀는 이런 편견으로부터 많은 고통을 받았다. 물론 수전이 야망이 강하고, 요구가 까다로우며, 거의 휴식을 취하지 못하는 성격이었기 때문이기도 했다. 하지만 당시 이런 편견이 광범위하게 퍼져 있던 탓이 더 컸다.

　그 때문에 수전은 질병에 대한 대중적인 패턴을 몇 십 년 전 근거 없던 결핵에 대한 편견과 비교했다. 그녀는 암에 대한 편견과 결핵에 대한 편견이 놀라울 정도로 유사하다는 것을 발견했다. 그저 변형된 형태일 뿐이었다. 결핵에 대한 편견은 의학적으로 만족스러운 설명이 등장하고 페니실린이 병을 제압하게 되자 슬그머니 사라졌다. "심리적·정신적 요인으로 인한 질병은 의지력으로 고칠 수 있다는 이론은 언제나 헛다리를 짚고 있다"고 수전 손택은 말했다. "오히려 이런 이론이야말로 우리가 질병에 대해 당시 모두가 얼마나 무지했는가를 보여 주는 지표일 뿐"이라고도 강조했다.

이런 편견은 알코올중독에도 존재한다. 알코올중독이 질병이라는 사실을 알고 받아들이는 사람조차도 그것이 자신에 대한 방치나 의지력의 결핍에서 비롯된다고 믿는다. 즉 원하기만 하면 '정상적'으로 마시는 것이 얼마든지 가능하다는 것이다. 자신이 모두 관리할 수 있다는 취지다. 기본적으로 다른 질병과 비교할 때 알코올중독의 경우 환자의 잘못이 크다는 태도와 일맥상통한다.

대부분의 사람은 술을 오랫동안 마시면 두뇌가 다른 모든 것을 방치하게 만든다는 단순한 사실을 이해하지 못한다. 자신들이 아직은 이 병에 걸려 있지 않기 때문에 이해하지 못하는 것이다. 다른 일을 방치하고 술만 마시고 있지는 않다고 생각하기 때문이다. 그들은 술을 끊은 과거의 중독자들도 한때 술을 마셨다는 사실을 보지 못한다. '정상적으로' 술을 마시는 사람들과 거의 다르지 않는 삶을 살아왔다는 사실도 모른다. 알코올중독자에게 달라붙어 있는 고루한 낙인은 결국 정교하게 기획된 표현일 뿐, 우리 모두의 모습이다.

  세계에서 가장 유명한 신경학자가 된 올리버 색스는 1962년에 로스앤젤레스 대학에서 전공의 수련을 시작했을 때 하시시인도 대마초로 만든 마약나 LSD환각 증상을 일으키는 마약의 하나를 피웠다. 모르핀 주사를 맞으며 환각제인 가루로 빻은 미국나팔꽃 씨앗을 바닐라 아이스크림에 섞어서 먹기도 했다. 몇 년 후 그는 아무것도 하지 않고 주말 내내 엄청난 양의 암페타민을 복용하는 '마약 휴일'을 습관적으로 갖게 되었다. 색스가 영국의 《텔레그래프》에 고백한 바에 따르면 이 경험으로 환각 의존성은 강해졌고 자기 파괴적인 본능은 날뛰기 시작했다. 그리고 점점 위험한 마약에 손을 대게 만들었다.

  색스는 그때의 경험이 현재까지 자신의 행동에 영향을 미치고 있다고 믿고 있었다. 다행히 색스는 술에는 별 문제가 없었으나 다른 여러 가지를 주의해야 했다. 50년이 지난 현재까지도 섭식 장애 때문에 냉장고에 음식을 채우지 않는다. 그렇다. 의존증이란 알코올이나 마약을 뛰어넘는 질병이다. 신경학적 코드가 평생 보존되기 때문이다. 중독이 유혹하는 목소리는 언제나 되돌아온다.

앞서도 언급했듯 신경학자들은 의존증을 두뇌의 잘못된 학습 형식으로 이해한다. 자전거 타기나 수영을 잊지 않는 것처럼 알코올의존증도 잊어버리지 못한다. 알코올중독의 기억은 두뇌에 각인된다. 우리가 의식이라고 부르는 것은 두뇌의 일면에 지나지 않으며 강렬한 역할을 하지도 못한다.

많은 사람과 의존증 환자들이 더 이상 술을 마시지 않거나 마약을 하지 않으면 그것만으로도 충분하다고 생각한다. 하지만 불행히도 그것은 사실이 아니다. 의존증은 단순한 이해나 육체적 회복에 치중하는 것보다는 훨씬 더 진지하게 다뤄야 할 문제다. 의존증 문제는 그보다 더 복잡한 정신적인 영혼과 연결되어 있다.

그러므로 술을 끊은 다음의 삶에 대한 진정성 있는 접근만

이 성공을 만들 수 있다. 한때 음주의 원인이었던 갈등과 느낌에 대처하는 것이다. 스스로를 깊이 이해하고, 책임감을 느끼며, 손쉬운 만족을 주는 것들에 굴복하지 않는 것이다.

시간, 더 정확하게는 많은 시간이 걸리는 일이다. 술을 끊은 지 20년이 넘은 나의 한 친구는 자신이 누구인지를 발견하는 데만도 5년이 걸렸으며, 자신에 대해 책임감을 갖는 데 또 5년이라는 세월이 필요했다고 말했다. 나는 그 친구가 그렇게나 오랜 시간을 꼭 써야 했는지는 모르겠다. 내가 그보다 더 오랫동안 술을 끊은 것도 아니니까.

현재의 만족스럽고 진중한 삶에 비해 과거의 삶이 더없이 질 낮은 수준이었다는 결론을 내는 데는 많은 시간이 필요하지 않았다. 지금의 내 삶, 그러니까 때로는 고되고 힘들지만 온전한 자신의 모습을 드러낼 수 있는 삶, 때로는 흥분 물질이나 진정제 없이 삶을 헤쳐 나갈 수 있는 삶, 진정으로 살아 있는 삶 말이다.

이 길을 혼자 갈 필요는 없다. 우리에게는 자조 모임과 치료사, 친구와 지인 그리고 가족이 있다. 그렇지 않으면 이건 너무나 힘겨운 도전이다.

술을 끊는다는 건 삶에서 커다란 부분—술과 관련된 모든 이
야기—와 이별을 고하는 것이나. 음주가에게 그것은 피해자
이자 인정받지 못한 자의 이야기이며, 자신의 우월함을 충분
히 보상받지 못한 자의 분노와 무력감의 이야기다. 삶을 통째
로 바꿔 놓았다고 말하지만 알고 보면 자기 연민에 지나지 않
는 트라우마에 대한 이야기다.

자신만의 내밀한 이야기에 안녕을 고하는 건 자신이 해야
할 일이다. 의존증에 걸린 사람의 내면 깊숙한 곳에는 오랫동
안 풀지 못한 감정적 갈등과 고통스러운 기억이 도사리고 있
다. 술 취한 저녁의 말할 수 없이 부끄러운, 이런저런 기억도
그중 하나다. 술에 취해 친구에게 끔찍한 무례를 범했거나 원
하지도 않으면서 누군가와 잠자리를 같이한 기억. 언젠가 사
무실에서 보인 추태와 은행을 비롯해 여기저기서 빌린 돈. 파
트너에게 다른 형태의 관계를 원한다고 강압적으로 행동했던
일. 나에게 큰 의미를 가졌고 나를 아껴 주던 사람들의 삶을
도둑처럼 약탈한 기억들. 스스로에게 그리고 타인에게 준 상
처를 회복하는 데 나 역시 많은 시간이 걸렸다.

금전 문제는 은행 상담가의 도움을 받아 현실적인 상환 계

획을 세운 다음에서야 빚의 대부분을 갚을 수 있었다. 힘들고 괴로웠지만 어쨌든 성공했다. 또한 내가 상처 준 대부분의 사람에게 먼저 다가갔다. 그것은 힘든 일이었다. 자존심을 삼켜야 하고, 반드시 자신에게 솔직해져야 하고, 자신을 용서해야 하는 일이었다. 오랫동안 분노를 느껴 왔던 사람을 어떻게 용서할 수 있을까? 자신만큼이나 많은 잘못을 한 사람을 어떻게 용서할 수 있을까? 어떤 사람은 정말로 용서하기가 쉽지 않았다. 때로는 몇 주, 몇 달이 걸리기도 하고, 기나긴 대화와 수많은 노력이 필요하기도 했다. 상대의 실수와 약점을 언급하며 나의 행동을 정당화시키는 것처럼 비춰지기도 했다. 하지만 다른 사람을 용서함으로써 내면에서 적을 지우는 일이었다. 상대와 더 이상의 관계를 원하지 않아도 용서는 가능했다. 용서란 무엇보다 나 자신에게 도움이 되는 일이었다.

술에 절은 감정의 잔해를 청소하는 일은 이전에 한 번도 해본 적이 없는 일이었다. 과거에 누군가와 다퉜을 때 상처를 준 사람 역시 상대가 아닌 나였다. 술로 인해 저지른 일을 사과하고 용서를 구하는 과정에서 얻은 놀라운 진실 중 하나는 싸움과 상처는 대개 술 때문이 아니라 내가 무개념 수준으로 내뱉은 말들 때문이라는 것이었다. 그리고 내가 상대에게 사력을 다해 보여 주려던 선민의식으로 가득 찬 태도늘 때문이었다. 때때로 나는 기이하고 멋대로 재단한 나만의 생각에 사로잡힌 채 상대를 대하기도 했다. 어떤 경우에는 나의 실수를 전혀 인정하지 않기도 했다.

그럼에도 불구하고 사과하려는 나의 시도는 대부분 기쁘게 받아들여졌다. 어떤 이는 나와 같은 문제로 여전히 누군가와 싸우고 있었다. 그러나 나는 벗어났다. 갈등 속에 평화가 깃들었다. 모든 것을 이 책에 적기에는 민망할 정도다. 실제로 지난 몇 년 동안 내 삶을 변화시킨 생각과 상념은 평화로부터 얻었다. 술을 더 이상 마시지 않게 되면서 생긴 여유 시간은 자조 그룹 사람들과의 만남 그리고 심리상담, 비슷한 상황에 처한 사람들과의 대화로 채워졌다.

아침에 명상을 하고 규칙적으로 요가를 하며 자주 조깅을 하고 운동을 한다. 건강한 삶을 살기에는 아직 충분하지 않지만 적어도 시작했다. 여전히 내 머릿속 어딘가에 '한때는 술을 끊은 사람을 그렇게 조롱하더니 결국 이렇게 지루한 인생을 살아가는 거냐'는 냉소의 목소리가 들린다. 하지만 진정한 도전은 바로 우리의 일상에 있다. 실제로 우리는 하루 동안 흔한 단절과 상실을 경험한다. 우리는 죽음의 가능성과 노화, 질병, 사고와 이별, 상실을 경험하지 않고는 살 수 없다. 그 누구도 여기서 벗어날 수 없다. 그러므로 만족스러운 삶을 살기 위해서는 내면에 일렁이는 작은 상처들과 트라우마를 극복해야만 한다.

나는 그동안 마음을 단단히 무장하고 있지 않으면 삶이 나를 덮어 누르는 경험을 해 왔다. 그건 내가 시골 촌구석에서 자라난 성소수자라는 특성 때문이기도 하다. 때로 나는 불행해지지 않기 위해서 온갖 방법을 써야 한다는 게 서글펐다. 하지만 그것은 내가 선택했다기보다는 정해진 것이었고, 예전 상황과 비교해 보면 훨씬 나아지고 있으며 나아졌다고 생각한다. 훨씬 나쁜 상황이 될 수도 있었다. 훨씬 더 나쁜 상황, 죽음에 이를 수도 있었다.

나는 정기적인 모임이나 요가 혹은 심리분석 같은 모든 치료 수단을 일종의 의약품으로 보고 있다. 심장병 환자는 정기적으로 약을 먹어야 하고 건강한 식품을 섭취하며 운동을 해야 한다. 나 또한 절망하지 않고 살기 위해서 그 모든 것을 필요로 한다. 솔직히 받아들이기는 싫지만 사실이다. 다른 사람의 일에 끌려다니기보다 나 자신의 필요에 충실하기 위해서, 우울한 상태에 빠져 세상으로부터 나를 차단하지 않기 위해서, 강박적인 행동과 불확실성 그리고 수치심에 잠겨 오랫동안 숨죽이고 있던 나에게 무엇이 좋은지를 말해 주는 이 부드러운 내면의 소리를 듣기 위해서, 다른 사람을 비난하지 않기 위해서, 내 안에서 벌어지고 있는 거짓에 근거한 행동으로부터 탈출하기 위해서, 나 자신과 주변에 비현실적인 요구를 하지 않기 위해서, 내 안에 울타리를 만들고 그 안에서 살기 위해서, 최소한이라도 마음을 챙기며 내가 하는 행동과 말을 분명히 자각하기 위해서다. 그리고 내가 저지른 실수와 함께 나 자신을 받아들이기 위해서다.

술을 끊는다는 건 새 사람으로 거듭난다거나 하룻밤 새에 성격을 완전히 탈바꿈시킨다는 의미가 아니다. 오히려 점진적인 정신적 힐링의 과정에 가깝다. 깨달음이나 자기 최적화, 훌륭하고 성공적이고 매력적인 사람이 되는 것과도 다르다. 오히려 그 반대다. 이런 결정은 질병으로부터 살아남기 위해 사력을 다해 주춧돌을 놓는 것과 같다. 시간이 지나면 알게 되겠지만 술에 대한 비판에 찬 평판이나 끊지 못하면 죽는다는 식은 금주를 유지하는 데 별로 도움이 되지 못한다. 오히려 천천히 나아가 정말 원하는 삶을 살고 싶어 하는 자아야말로 진정한 성공 요건이다. 그러면서 스스로 더 나은 사람, 더 매력적인 사람으로 보일 거라 믿었던 생각이야말로, 술을 마시도록 부추기는 요소였다는 걸 깨닫게 된다.

또한 자신이 아닌 사람이 되기 위해 술을 마시고 꾸며 내며 노력한다고 해서 그 사람으로 바뀌는 것도 아니라는 걸 깨닫는다. 현실을 회피하거나 대체하지 않고, 있는 그대로 생각하고 느끼고 바라다 보면 어느덧 저절로 삶이 변화된다는 것도.

10장

술을 내 생에서 포기한다는 의미에 대해

앞서 말했듯 중독의 습관은 어느 정도의 주기를 두고 항상 되돌아온다. 때론 강한 힘으로, 때론 슬며시, 때론 짜증 내는 10대처럼 무모하거나 심술궂은 노인처럼 대책 없이 말이다. 어떤 경우는 다급한 집착증 형태로 나타나기도 하고, 어떤 경우는 우울한 감정으로 표출되기도 한다. 당장 술을 마시고 싶다는 직접적인 표현이 표출되는 건 아주 드문 경우다. 그보다는 과거의 패턴이나 감정, 행동 방식, 오래된 자기중심적 태도와 그것의 정당화라는 형태로 드러난다. 의존증은 술을 마시지 않는다고 해서 증세가 없어지는 질병이 아니다. 질병은 시간이 지날수록 좀 더 간교해지고 좀 더 미묘한 모습으로 변화되는 특성이 있다.

그렇다면 나는
여전히 의존증에 묶여 있을까?

여러 해가 지났으니
이제 확실히 술을 마시지 않을 수 있을까?

술을 끊고 지내던 친구가 다시 술을 마시기 시작했다는 소식을 가끔씩 듣는다. 이 질병이 얼마나 오랫동안 사람을 놓아주지 않는지 무서울 지경이다. 세계에서 매일 의존증에서 파생된 질병으로 죽어 가는 사람이 또 얼마나 많은지 그 또한 무서울 정도다. 나이와 사회적 배경, 부유함과 교육의 정도에 상관없다.

특히 나를 슬프게 한 건 헤로인 중독으로 사망한 미국 배우 필립 시모어 호프만의 죽음이었다. 호프만의 죽음을 듣고 난 뒤 몇 분이 흐르자 내 눈에 눈물이 솟구쳤다. 그가 술을 끊은 건 22세 때였다. 그 후 23년 동안 전혀 술을 마시지 않았다. 마약도 하지 않았다. 게다가 삶은 그지없이 만족스러워 보였다. 가족을 일궜으며 세상 무엇보다 소중한 세 명의 아이를 얻었다. 그는 최고의 재능을 인정받는 배우 중 한 사람이었다. 하지만 2012년 봄 어느 날부터 진통제를 오용하기 시작했고 얼마 되지 않아 과거에 투약하던 마약에 손을 대기 시작했다. 그 화학 덩어리와 의존증은 결국 호프만을 사망에 이르게 했다. 의존증은 두뇌에서 그 자체로 엄청난 존재감을 갖는다.

신경 과학 잡지는 의존증을 '거대한 야생짐승'에 비유할 정도다. 오랜 기간 동안 방치하고 힘이 강해질 만큼 지속하면 이 짐승은 울타리를 부수고 나가 재앙을 일으킨다. 의존증에 관해서는 아직 많은 것이 알려지지 않았고 재발의 경우도 마찬가지다.

알코올이나 마약중독증 재발률은 당뇨병이나 고혈압처럼 삶의 스타일의 전환을 요구하는 만성질환의 재발률과 거의 비슷하다. 몇 가지 관련 연구만이 통계학적 개요를 전달해 줄 뿐이다.

미 국립약물남용연구소 연구에 의하면 술을 끊은 첫해에 64%의 금주자들이 다시 술을 마셨다. 1년에서 3년 사이에는 남는 사람 중 34%가 다시 마셨다. 3년 이상 술을 끊은 사람

중에서는 14%만이 다시 술을 마셨다. 5년 이상 술을 끊는 데 성공했을 경우에는 남은 일생 동안 술을 마시지 않을 수 있는 확률이 훨씬 더 높아졌다. 다만 이 연구가 8년 동안 이뤄진 까닭에 그 이후에 어떤 일이 일어났는지는 알 수 없다.

　우리의 두뇌와 신경 체계는 놀라울 정도로 유연하다. 특정한 습관이나 제약, 사고방식이나 느낌은 심리적 구조 안에 영원히 각인되지만 회복 가능성도 적지 않다. 인간의 두뇌가 의존증을 '망각하지' 못한다는 것은 사실이지만 대화를 통한 치료법이나 명상, 스포츠나 음주 결과를 책임지려는 의식적인 노력의 흔적은 구체적으로 남긴다. 여러 가지 행위를 통해 효과가 드러나기 때문이다.

　신경학자인 데이비드 린든은 스포츠와 명상이 정신 건강과 기억력에 상당히 긍정적인 효과를 가져올 뿐 아니라 충동과 관찰을 책임지는 두뇌 영역에 상당히 구체적인 연결 기능을 수행한다는 사실을 언급했다. 또한 주의력과 집중력을 책임지는 신경 구조를 강화시킨다고 봤다. 매혹적인 저서 『고삐 풀린 뇌』를 통해 린든은 스포츠와 명상이 두뇌를 활성화시켜서 도파민 분비를 촉진시키고 지속적인 균형을 도모한다고 밝혔다.

물론 이런 것들이 기분을 항상 즐겁게 유지시키고 우울증을 확실하게 억제시키거나 망가진 자존감을 곧바로 회복시키는 건 아니다. 하지만 분명한 효과가 있다. 사람에 따라 좀 더 나은 방식이거나 조금 덜한 방식일 뿐이다. 이것들은 나와 여러 사람의 금주에 큰 도움이 되었다.

신경 손상을 입은 환자들에 대해 연구하고 있는 올리버 색스는 지금까지와는 다른 방식으로 삶의 괴로움을 극복하고 자신을 새롭게 발견할 것을 권한다. 신경학적 질병의 경우 대부분 직접적인 치료 방법은 없지만 새로운 방식으로 부작용에 대처함으로써 치료에 변화를 가져올 수는 있다. 복권에 당첨되거나 사고로 휠체어에 앉게 된 사람이라도 일 년 후에는 삶의 만족도나 불만족도가 예전과 비슷하게 된다는 연구가 있다. 행복은 이처럼 늘 태도의 문제인 것이다. 우리가 얼마나 행복한지는 대부분 내면적 요인에 의해 결정된다.

나는 수년 혹은 수십 년 동안 술을 끊고 살아가는 사람을 많이 알게 되었다. 필립 시모어 호프만처럼 되는 경우도 종종 본다. 그러나 많은 사람이 규칙적으로 자조 모임에 참석하며, 위에서 언급한 이런저런 형태의 수단을 이용해 삶에 도움을 받고 있다.

한때 알코올중독자이자 마약중독자였던 신경학자 마크 루이스는 그가 쓴『중독된 두뇌의 기억Memoirs of an Addicted Brain』이라는 저서를 통해 우리의 두뇌는 의존증에서 회복될 수 있다고 했다. 더불어 어느 정도까지는 질병에 의해 변화된 생화학적 세포를 복원할 수 있다고 주장했다. 그러나 그걸 이뤄내는 사람이 드물다는 사실도 지적했다. 자기 통제는 불확실하고 늘 나약하기 마련이라고 말했다. 자기 통제 기능은 전대뇌피질Anterior cerebral cortex에 있는 작은 세포 무리에 의해 지탱되는데 끊임없이 새로운 피드백과 확신을 요구한다고 한다. 긍정적인 도움 없이 세포가 너무나 많은 유혹을 오랫동안 견디거나 감당하면 그것들은 결국 굴복하고야 만다.

그러므로 대부분의 의존증 환자에게 술이나 마약을 끊으라고만 하는 것은 충분하지 않다. 그보다는 이미 같은 문제를 겪었으며, 머릿속에서 일어나는 일들을 이해할 수 있는 사람들의 도움이 필요하다. 다시 말해 술을 끊는 것이 정말로 옳은 길이라는 확신을 끊임없이 심어 줄 수 있는 환경이 이들에게는 필요하다. 작은 세포 덩어리들에게 힘이 되어 줄 수 있는 환경 말이다.

수년 전에 누군가 내게 명상이나 요가, 달리기와 심리분석 상담 그리고 자조 모임을 통해 삶의 만족을 얻을 수 있느냐고 물었다면 나는 분명 웃어넘겼을 것이다. 현재 나는 내가 한때 의존증 환자였으며 그로 인해 삶을 바꿔야만 했다는 사실에 감사함을 느낀다. 의존증이 없었다면 내가 지금 느끼는 고요함과 행복을 결코 알 수 없었을 테니까. 술을 마시는 동안 수천 번도 넘게 나 자신이 아닌 누군가가 되기를 소망하고, 멋진 관계를 유지하기를 원했으며, 더 나은 직장과 용모를 갖기를 소망했다. 이제 더 이상 나는 그런 소망에 시달리지 않는다. 오히려 내 삶에 대부분 만족한다.

몽상으로 갖고 있던 소망들을
만들어 가고 있다.
내가 찾던 평화와 만족감이
언제나 함께한다는 사실을 알게 되었다.

이 모든 건 사람의 내면에
이미 깃들어 있던 것들이었다.
단지 스스로 만들어 낸 괴로움과 두려움으로,
술잔과 드라마 같은 허구들로
그것을 가려 왔을 뿐이다.

나는 파크 슬로프 시절에 나와 같이 살았던 파트너를 종종
생각한다. 우리는 아직 친구로 지내고 있다. 내가 그를 생각
하는 건 서로 상처를 주고받지 않고 힘겨워하지 않는 방식으
로, 서로에게 아무것도 숨길 게 없는 관계로 새롭게 시작하고
싶기 때문이다. 예전에 우리는 서로에게 너무나 소중한 존재
였지만 그것을 이루는 건 불가능했다. 이제는 다르다.

건강한 관계를 이끌어 가기 위한 기술을 터득하기까지는
시간이 필요하다. 자신의 행동에 책임을 지고 상대를 있는 그
대로의 모습으로 받아들이는 것도 마찬가지다. 상대에게 너
무 많은 것을 바라지 않고, 두려움 없이 만나며, 끊임없는 불
행의 고리를 끊을 방법을 찾아야 한다. 불행을 상대에게 넘겨
주지 않기 위해 훈련할 시간도 필요하다.

이 모든 것이 이제 내 안에 들어오고 있다. 그 어느 때보다 현실적으로 가능하다고 여겨지기 시작했다.

신경생물학의 용어를 빌리면 알코올의존증은 우리가 필요하다고 생각하고 믿는 단 하나의 물질, 술을 얻기 위한 뇌의 프로젝트다. 뇌의 지시에 따라 주의력을 단 하나의 물질에 집중시키면 다른 것들로는 만족시킬 수 없다. 하지만 술을 끊고 나면 그것이 가능하다. 한 번 의존증에 빠진 뇌 역시 순수한 상태로 돌아가는 건 불가능하지만 삶의 의미를 되찾고 기쁨을 느끼며 더 부드럽고 사랑스러운 목소리를 머릿속에 넣는 것은 배워 나갈 수 있다. 삶의 의미는 살아가는 것, 이라고 헝가리 철학자 아그네스 헬러는 말한 적 있다. 바로 그것이다. 삶의 의미는 살아가는 것! 정말 대단한 모험 아닌가?

11장

망각이라는 환상에서 해방될 수 있을까?

『천개의 고원』을 쓴 프랑스의 철학자 질 들뢰즈는 이번에는 술이 희생할 차례였다고 고백했다. 대단한 일은 아니지만 잡지 편집부에서 일하면서 나도 같은 생각을 갖고 있었다. 들뢰즈의 논리는 매우 설득력 있다. 습관적으로 술을 마시면서 친구나 가족, 사랑이나 섹스, 무엇보다도 일이 영향받고 있었다.

과거와 현재의 많은 철학자와 작가가 그랬듯
그도 술병을 옆에 두고 글을 써 왔다.
술은 창조에 도움을 주고
아이디어를 활성화시키며

생기를 짜내게 한다고
오랫동안 그는 생각해 왔다. 그러나 그건
허튼소리에 지나지 않는다는 걸 깨달았다.
사람이 살면서 반드시 정성스럽게 가꾸고
보살피며 관계를 쌓아야 하는 것들을
술에게 빼앗기기 일쑤니 말이다.

이 냉혹하고 때론 고통스럽기도 한 삶과 싸우기 위해, 아니면 조금 더 강렬하고 치열하게 싸우거나 견디기 위해, 무엇으로든 감정적 위안은 필요하다.

배우자를 제외하면 일은 삶의 원천이다. 대부분의 사람이 가족이나 친구보다 일로 얻은 자아 정체성에 더 큰 의미를 부여한다. 일은 스트레스와 불안의 가장 큰 원인이기도 하다. 우리는 성공에 대한 압박과 행동 제약, 실패에 대한 잠재적 불안을 품고 일 문화 속에서 산다. 많은 노동량과 경쟁적인 환경, 전망의 부재 등은 감당할 수 없는 무게처럼 다가오곤 한다. 이런 스트레스를 해소할 방법으로 가장 쉽게 떠올릴 수 있는 게 바로 술이다. 하지만 안타깝게도 근래의 의학 전문가들은 술을 스트레스 감소 수단으로 사용할 때 의존 가능성이 가장 극단적으로 증가한다는 사실을 경고하고 있다.

음주는 잦은 질병과 부작용으로 작업 효율성을 떨어뜨릴 뿐만 아니라 여러 요인과 결합되어 성격 변화를 가져온다. 관심 분야가 축소되기도 하고 고용인과 피고용인 사이에 긴장을 불러오기도 한다. 음주가는 종종 예측하기 어렵고 쉽게 짜증을 내며 지나치게 굽실거리거나 눈치를 보기도 한다. 이것은 사실이며 나도 일을 하는 동안 같은 경험을 했다.

이것 또한 빙산의 일각이라는 것도 안다. 독일은 어떤 분야, 고하를 막론하고 일을 하며 마시는 술은 엄격하게 통제되어 있다. 그래서 나 역시 숙취를 안고 출근할 때마다 혹시 동료들이 눈치를 채지나 않을까 걱정하곤 했다. 사실 만약 눈치챘더라도 분명 동료들은 아무 말도 하지 않았을 것이다. 술을 좋아하는 것은 나 혼자만이 아니었으니 말이다.

간혹 저녁이 가까워지면 술집에 가기 전부터 사무실에서 동료들과 벌써 한 잔씩 걸치기도 했다. 여름 축제와 크리스마스 시즌은 그야말로 방탕의 절정기였다. 나의 상사 중 한 사람은 팀워크를 위한 명목으로 사무실에 와인 한 상자를 쾌척하기도 했다. 또 어떤 상사는 자신이 잘 아는 고급 술집에서 회사 직원들과 정기적으로 회식을 하자고 하기도 했다.

물론 오늘날 이런 문화는 많이 달라졌다. 편집실에서 와인이나 샴페인을 마시는 경우는 일과가 끝나 갈 때뿐이며, 일을 격려하고 공동체 의식을 북돋우기 위한 목적이 크다. 그럼에도 술은 여전히 독일의 일 문화에서 중요한 부분이다.

다른 분야에도 마찬가지다. 내 친구는 사무실에 생수를 배달시킬 때 맥주를 같이 배달시키는 경우가 많다. 저녁이 되면 누군가 눈짓만 해도 맥주병이 책상 위에 놓인다고 얘기해 줬다. 또한 금요일 오후 4시가 되면 공동 휴게실에 모여 다 함께 술 마시는 날도 적지 않다고 한다. 이때 "누구든 맨정신으로 집으로 돌아갈 생각하지 말라구!"라며 큰소리를 치기도 한다.

내가 하는 일 중 하나는 전시회 개막식, 낭송회, 저녁 식사 미팅, 박람회, 리셉션에 참석하는 일이다. 언론 시사회에 가면 기자 한 명이 바닥에 쓰러질 때까지 마실 샴페인이 사방에 넘쳐난다. 여러 출판사에서 주관하는 도서 박람회에 갔다가 호텔 '프랑크푸르트 호프'에서 아침을 맞이하는 일은 우리에겐 너무나 익숙한 풍경이다. 어떤 언론인은 오전 12시부터 편집실에서 위스키 몇 잔을 마시는 게 자연스러웠던 30년 전 에피소드를 꺼내든다. 길고 복잡한 내용의 기사로 독일의 운명을 바꿀 수 있었다고 믿었던 영광의 시대와 향수를 곁들여 말이다. 그런 삶의 스타일로 인해 엉망진창이 된 존재와 불행한 결혼 그리고 조기 경력 단절의 스토리는 물론 한마디도 나오지 않는다.

일과 음주의 관계는 우리가 생각하는 것보다 훨씬 가깝다. 중독자의 사고와 행동은 어떤 면에서는 직장 생활에 도움이 될 수도 있다. 통제하고 자신을 과대평가하며 진실에 대해 느긋한 태도를 보이는 것은—물론 이는 동료들에게는 괴로움을 주겠지만—어느 정도 빠른 승진에 도움을 줄 수 있다. 하지만 그 대가로 숙취에 정기적으로 시달린다.

그들은 출근한 뒤 조금밖에 일하지 않고, 쉽게 분노하고 짜증 내며, 걸핏하면 자존심에 상처를 입는다. 그뿐인가? 아주 사소한 일로도 오랫동안 앙금을 쌓아 두고 자신이 없으면 아무 일도 되지 않는다는 확신을 갖고 있다. 이들, '기능을 다하는 알코올중독자'는 사실 오랫동안 제 기능을 못하면서 팀원의 도움을 받고 있다. 그들은 자신의 문제를 잘 숨길 뿐 아니라 자신의 행동에 문제가 있다는 것조차 깨닫지 못할 때가 많다. 자신의 태도를 바꿀 필요를 느낄 시간도 부족하니 말이다.

나의 직장과 경력에도 술이 오랫동안 도움이 된 게 사실이다. 술이 없었다면 인맥을 만들지 못했을 거다. 사람들에게 다가가 먼저 말을 걸 용기도 갖지 못했을 거다. 나는 매우 내성적인 사람이라 긴 시간 동안 나누는 대화 자체가 힘들다. 그런 내게 술은 두려움을 몰아내고 사람 앞에 다가가게 해 줬다.

도취감에 젖어 글을 쓸 용기를 준 것도 사실이다. 글을 쓰는 건 내가 가장 원하던 일이지만 동시에 가장 두려워하던 일이다. 재능이나 지적 능력이 부족하다는 두려움, 나보다 사회적으로 뛰어난 사람들의 무리 속으로 들어가는 것에 대한 두려움, 내가 이해하지 못하는 규칙과 내가 그곳에 속해 있지 않다는 걸 누구라도 언제든 알아챌 것 같은 사람들로 가득한 곳, 게다가 글쓰기와 음주 관계에 대한 로맨틱한 느낌이 존재했다.

술에 취하면 한계를 뛰어넘는 듯한 정복감과 충족감을 느긴다. 술은 도취감 이외에도, 심리적인 기능이 있다. 자아의 판타지를 유지하게 해 주고 그 판타지에 방해가 되지 않도록 현실을 숨기고 감추는 데 도움을 준다. 그런 점에서 술은 거대한 나르시시즘의 엔진이다. 우리를 기쁘게 해 주는 상상의 세상을 창조하고, 정신적 풍선을 띄워 견딜 수 없는 기억이나 느낌이 망각될 수 있도록 내면의 방을 만들어 낸다. 이 과정은 무의식적으로 진행된다. 한 잔 혹은 두 잔의 와인을 마시고 나면 세상이 좀 더 부드럽고 모든 게 더 나아 보이는 경험을 했을 것이다. 대부분은 이런 느긋함을 위해 술을 마신다.

술에 대한 기억은 대부분 이런 느낌과 연결되어 있다. 물론 나는 취하기 위해 술을 마셨지만 대체로는 이런 느긋한 기분을 즐기고 싶었다. 처음에는 입안과 입술에 가벼운 떨림처럼 시작되어 홀짝거리며 마시는 따뜻한 몇 모금이 전신에 퍼진다. 그다음에는 캐시미어 담요처럼 온몸과 팔다리 복부를 감싸고, 마지막으로 머리에 도달되어 침묵과 휴식을 가져다줬다.

억제된 수용체를 자극해 부정적인 느낌을 감소시키는 것은 술이 가져다주는 가장 유혹적인 효과다. 그러나 정상적으로 술을 마시지 못하는 사람에게는 가장 위험한 효과다. 술은 불안과 정신적 상처로 생긴 괴로운 내면과 죄의식을 완화시키는 최고의 약이다. 술은 내면의 이야기를 정돈하고 정리하며 수정함으로써 자아가 그 무게를 견딜 수 있게 해 준다. 가벼운 망각을 통해 행동을 결정할 수 있게 해 준다. 술은 현존하는 최고의 진정제다. 스트레스에 이만한 것도 없다. 즐거운 느낌을 만드는 데 가장 짧고 효과적인 방법이다. 무엇을 하건 어디에 있건 술잔을 쥐고 있으면 인생이 좀 더 견딜 만해지고 멋지게 보인다. 그것만으로 충분하게 느껴진다.

역사 속에는 멋진 음주의 롤 모델이 가득하다.
내 경우에는 술 마시는
중독된 작가라는 판타지가
믿을 수 없을 만큼 확실히 새겨 있었다.

하지만 글을 쓰기 위해
굳이 지적인 변명을
길게 늘어놓을 필요는 없었다.

영국의 문화 비평가인 올리비아 랭이 『작가와 술』에서 말했듯, 오랜 세월 작가들은 세상에 퍼진 나쁜 관념주의와 맞선다고 믿으며 술을 마셔 왔다. 그들은 그렇지 않으면 투쟁의 삶을 지속시킬 수 없다고 믿으며 술을 마셔 왔다. 작가와 예술가, 지성인들이 이 신화를 여전히 자신들의 삶에 적용시키며 밤마다 파티장에서 파티장으로 옮겨 다녔다.

나 또한 그 무리에 오랫동안 속해 있었다. 나에게도 술은 언제나 섬세한 삶의 표식이었고, 위로와 마법과도 같은 소속감을 가져다줬다. 그러나 이런 소속감조차 근본적으로는 상상일 뿐이다.

스티븐 킹은 그의 책 『유혹하는 글쓰기』에서 다음과 같이 말했다.

'하수구에 대고 토할 때 우리는 모두 똑같아 보인다.'

건설 노동자나 웨이터나 지식인이나 술을 마실 때는 모두 자신 안의 악마와 싸우는 것이다. 음주가는 단지 음주가일 뿐이다. 막스 프리쉬스위스의 극작가 겸 소설가, 마르그리트 뒤라스프랑스의 소설가 겸 시나리오 작가 겸 극작가, 윌리엄 포크너미국의 소설가, 어니스트 헤밍웨이미국의 소설가, 베네딕트 예로페예프러

시아의 소설가, **레이먼드 카버**미국의 소설가, **프랑수아즈 사강**프랑스의 소설가 겸 극작가, **스콧 피츠제럴드**미국의 소설가, **트루먼 카포트**미국의 소설가, **도로시 파커**미국의 시인 겸 시나리오 작가, **리차드 예이츠**미국의 소설가, **샤를 보들레르**프랑스의 시인 그리고 **잉게보르크 바흐만**오스트리아의 시인은 모두 특별함을 느끼고 싶어서 술을 마신 게 아니다. 세상에서 받은 소외감, 다른 사람과 다른 도덕적 영역에 속해 있어서 마신 것도 아니다. 이들은 질병에 걸렸기 때문에, 뇌가 술을 마시라고 명령했기 때문에 술을 마신 것뿐이다.

그들이 알코올중독자였기 때문에 위대한 작품을 남긴 것이 아니다. 술을 마셨기 때문에 그런 작품이 탄생된 것도 아니다. 그 행위들과 상관없이 그들은 애초부터 위대한 작품을 만들어 낼 수 있는 자기 재능, 자기 경험 능력이 있었다.

물론 직업적·재정적 공포와 증가하는 사회적 불평등과 실패에 대한 두려움, 지나치게 높은 기대감에 대한 부담으로 술을 마시는 걸 절대로 비정상적인 반응으로 볼 수는 없다. 어떤 점에서 이런 행동은 우리 사회를 지탱하는 기둥이라고도 볼 수 있다. 이는 자본주의라는 기계의 삐거덕거리는 소리를 가려

주고 잘 굴러가게 만드는 윤활유와도 같다.

음주는 현재의 스트레스 사회에서 완벽하게 인정받을 수 있는 유일한 차단 전략이며 그 까닭에 가장 씁쓸한 방식으로 옹호받고 있다.

미국의 사회학자인 리처드 세넷은 실패야말로 현대의 금기 사항이라고 했다. 성공을 숭배하는 사회에서 경력을 잃어버린다는 건 개인적·사회적·재정적 괴로움을 동반하는 것으로 그보다 더 큰 문제가 있을 수 없을 정도라고 말했다. 실패에 대한 두려움은 신용과 성장에 기반을 둔 경제·문화·사회의 산물이다. 우리의 경제·문화는 채워지지 않는 욕망 속에 건설되었으며, 이는 어쩔 수 없이 우리를 불행하게 만들고 끊임없는 불안에 시달리게 한다. '스트레스 사회'라는 표현이 인정받을 만한 이유다.

이렇게 우리의 음주 문화와 노동 문화는 서로 너무나 밀접하게 연결되어 있다. 이 문화들은 사람의 삶을 상호적으로 지탱하고 있다. 소도시의 디스코텍이든 중산층이 사는 고풍스러운 주택이든, 샴페인 상자와 택배 서류가 놓여 있는 경영

진의 사무실이든, 스트레스와 술은 항상 나란히 존재해 왔다. 일하는 시간이 길수록 술은 더 달콤한 휴식을 약속해 준다. 스트레스에 가득 찬 자기 최적화의 사회는 술에 의한 집단적 휴식의 효과를 필요로 한다. 알코올 밸브 없이는, 엄청난 차단 기능이 없이는, 우리의 경제와 노동 시스템은 제대로 작동하기 어렵다.

'열심히 일하고 열심히 놀자'는 슬로건은 부르주아 음주 문화 이데올로기의 핵심이다. 노동과 삶의 균형을 확립하는 대신, 미처 인지하지 못할 정도로 노동과 음주 사이에서 균형을 확립해 간다. 번아웃 증후군의 이면에는 일과 음주 사이에서 발생하는, 예측할 수 없고 피할 수 없는 사고가 버젓이 놓이게 된다. 번아웃 증후군은 절대로 의존증이 아니라고 주장하는 부르주아적 음주 문화의 형태와 손을 마주잡는다. 물론 누구도 공공연히 그걸 밝히지는 않는다. 알코올중독보다야 번아웃 증후군에 시달린다고 하는 것이 낫기 때문이다. 우리는 알코올의존증을 사회적 신분 하강으로 받아들이는 반면에 번아웃 증후군은 허용할 수 있는 문명병으로 보는 경향이 강하다. 그러나 많은 경우에 이건 같은 문제에 대한 다른 이름일 뿐이다.

오늘날 대부분의 사람은 과거에 비해 훨씬 쉽게 생계를 이어 갈 수 있지만 어느 때보다 불만족스러운 삶을 살고 있다. 스위스 출신의 작가 알랭 드 보통이 말한 것처럼 우리는 직업에 대한 속물주의가 판치는 세상에서 살고 있다. 사람들은 누구나 상대의 직업이 무엇인지 물어보는데 그 대답이 원하든 그렇지 않든 이후의 대화에 영향을 미치는 게 사실이다. 직업을 통해 각 개인은 자신이 받게 될 관심과 인정을 유추할 수 있을 정도다.

여러 스승과 자기 계발 도서들은 어떤 배경을 가졌든 모두 평등하고 독립적인 존재라고 말한다. 사람은 모두 사회로부터 동일한 기회를 부여받고 있기 때문에 자신의 재능을 부지런히 갈고닦으면 누구나 성공할 수 있다고 설득한다. 하지만 현실적으로 우리는 거대한, 점진적으로 커져만 가는 불평등을 마주하며 살고 있다. 직업에 대한 기대가 이전 세대에 비해 더 커지는 시점에서 이런 말은 마냥 비현실적인 조언일 수밖에 없다. 직업에서 겪은 실패는 금기시하는 대화 주제로 퍼져 극복하기 어려운 불안을 안겨 주고 있다.

직장 일이 실질적으로 우리에게 미치는 긍정적 영향 중 하나는 자신의 가치를 반영하는 척도가 된다는 것이다. 술을 끊고 나서 가장 놀라운 점은 나의 직장과 관련된 변화의 과정이었다. 사실 그것은 전혀 의식적이지도, 계획되지도 않았던 변화였다. 이전에 만약 누군가 내게 직장에서 어떤 변화를 기대하며 일하는지를 물었다면, 아마도 나는 월급이 좀 더 많아지거나 지금보다 중요한 직책을 맡고 싶다고 대답했을 것이다.

하지만 그건 어처구니없는 착각이나 다름없는 기대였다. 돌이켜 보면 그때의 나는 하는 일마다 위기를 겪었기 때문이다. 작가 생활을 하며 뉴욕의 이스트사이드 부호의 요리사로 일하던 때도 그랬고, 월간 잡지의 안정된 편집자로 일하던 때도 그랬다. 내가 완벽하게 능숙한 모습으로 대처한다고 느꼈던 직업은 여태껏 하나도 없었다. 일을 하면 할수록 일에 대한 희망과 현실의 차이는 커져 갔다. 첫 번째 책에서 성공을 거두었지만 한 번도 내가 그럴 만한 가치가 있다고는 느끼지 못했다. 성공을 거두었고 그로 인해 세상에 소속된 느낌이 들긴 했어도 그렇다. 솔직히 나는 성공에 도달했다고 진정으로 느끼지 못했다. 물론 지금은 전혀 그렇지 않다. 나는 글을 쓰면서 이전에는 느끼지 못한 행복감을 느끼고 있다.

일과 술의 등식에서 술을 빼 버리게 되면 예측할 수 없는 방향으로 변화하는 것을 느낌으로 알 수 있다. 나의 친구나 지인 중에는 술을 끊은 후 한동안 일을 하지 못한 사람도 있다. 또 갑자기 엄청난 야망에 사로잡혀 술을 마실 때 자신을 가로막고 있던 여러 장애를 체계적으로 처리해 나간 사람도 있다. 내가 아는 대부분의 화가나 음악가 혹은 작가들은 술을 끊고 나서 어려운 창작의 위기를 경험했다. 하지만 몇 달 혹은 일여 년 후 예전에는 결코 가능하지 않으리라고 여겼던 예술적 성취를 이뤘다.

나도 마찬가지였다. 술을 끊고 나서 이진에는 절대 생각도 하지 못한 일들을 할 수 있었다. 가령 어떤 프로젝트나 목표를 스스로 정하고 마감 시한까지 계획하는 일이다. 혹은 일과 생활의 균형을 위해 점심시간에 요가를 하거나 아침에 수영을 하러 나가는 일이다. 가끔은 며칠씩 여행을 하기 위해 일을 거절하고 포기하는 일이다. 일을 많이 할수록 자신의 가치도 더 높아지고, 바쁘고 지칠 때까지 일하는 게 멋져 보일 거라는 믿음을 내려놓는 일이다. 스스로를 믿고 직관을 따르는 일이다. 서서히 비현실적인 몽상에 가깝던 야망을 현실의 크

기로 줄이는 일이다. 자신이 최고나 최악이 아니라 여럿 중
하나일 뿐이라는 사실을 받아들이는 일이다. 또한 자신의 일
을 지위나 월급과 같은 외부적 요소로 평가하는 것을 그만두
는 일이다.

반면, 일에서 얼마나 행복을 느끼는지, 도전을 통해 얼마나
자신이 성장하는지 또 일을 통해 얼마나 자신이 발전할 가능
성이 있는지를 판단하기 시작했다. 그리고 일이 삶에 어떠한
의미를 주는지에 대해 판단하기 시작했다. 그러면서 자신에
게 잘 맞고, 거부감이 느껴지지 않으며, 스스로의 삶과 조화
로움을 이룰 수 있고, 내면 깊숙한 곳의 자신의 모습 그대로
를 보일 수 있는 일을 찾을 수 있게 했다. 일은 그것이 무엇이
든 그 자체가 완벽한 만족을 주는 것이 아니라 만족스러운 삶
의 일부분이어야 한다. 일을 하는 동안 고뇌를 잊는 게 아니
라 자신의 욕구와 필요를 넘어서는 중요한 것에 몰두할 수 있
는 일이어야 한다. 일이란 언제나 궁극적으로 살고자 하는 의
지에 닿아 있어야 한다.

상투적으로 들리더라도 이 말만은 하고 싶다. 실패에 대한

두려움을 이기기 위해서는 실패의 가능성을 받아들여야 한다고 말이다. 그것이 세상의 끝은 아니며 야망에 찬 목표를 내려놓음으로써 가벼워질 수 있다고 말이다. 사람은 자신의 내면 깊숙한 곳에서 원하지 않는 일은 절대로 지속할 수 없는 존재다. 이건 야망이 있고 없고와는 상관없는 문제다. 성공에 대한 우리의 관념은 대개 자신이 아니라 외부—부모나 특정한 사회적 기대—에서 왔다는 걸 인정해 보자.

절대로 가 보지 않은 길이 얼마나 힘든지 어떻게 알 수 있겠는가? 만약 모든 목표가 이루어진다면 자신과 잘 어울리거나 잘 맞는 나만의 특별한 해법 같은 건 찾아낼 기회조차 없을 것이다. 세상을 다른 관점에서 바라보게 될 일도, 자신의 믿음에 질문을 던지고 자신의 행동을 돌이켜 생각해 볼 일도 없다. 그로 인해 미리 만들어진 동그라미 속을 평생 맴돌게 될 것이다.

실패란 동시에 자유를 의미한다. 머릿속에 떠다니는 소란을 잠재우기 위해, 죄의식을 견디기 위해, 불안함과 자책을 덜기 위해, 자신에 대한 커다란 기대와 스스로의 하찮음을 잊

206
—
207

기 위해 술을 마시는 건 완전히 어리석은 전략이다. 술은 삶의 어떤 경험, 어떤 경력, 위대한 생각, 일 혹은 책과도 상관이 없다. 삶은 그 자체로 항상 충분하다.

12장

침묵하는 사회

2차 세계대전 이후 독일은 알코올중독 인구의 급격한 증가를 낳았다. 그렇다고 꼭 독일에만 국한되는 건 아니었다. 다른 서구 세계에서도 같은 현상이 있었다. 하지만 유독 내가 독일의 문제를 언급할 수밖에 없는 이유는 독일의 알코올 문제는 개인과 사회 전반에 걸쳐 너무나 깊이 뿌리박혀, 사회적 문제로 인식 전환이 시급하기 때문이다. 알코올중독자가 이렇게 많아진 데는 사회가 풍요로워지고 모든 물질적 생산성이 향상된 데 있다. 사람들은 점점 더 많은 일을 하고, 더 많이 마시고 있다. 어떤 점에서 볼 때 의존증이란 이 시스템에서 용인할 수 있는 요소다. 사회적 경계를 넘어서지 않고서도 우리는 놀라울 정도로 길게 마시고 일할 수 있다.

독일에서는 아침에 숙취를 잠재우기 위해 뮤즐리오트밀 등의 요리하지 않은 곡물 그릇에 진 한 잔을 부어 넣는다. 이쯤은 독일에서 누구도 중독이라고 보지 않는다. 알코올중독과 관련된 단어들은 보통 너무 음울하고 정신병리학적인 데다 유머라고는 찾아볼 수 없어서 자신과는 전혀 상관없는 것처럼 여겨지고 있다. 사회에서 말하는 알코올중독 증세나 그에 파생되는 문제들은 자신의 일상적인 음주 습관과는 아무런 접점이 없어 보이기 때문이다.

오랜 세월 동안 독일은 꽤 멋진 음주 문화를 누려왔다. 술이 우리를 행복하게 해 줌과 동시에, 어떤 피해도 주지 않으며, 오히려 어려운 삶을 헤쳐 가는 데 도움을 줄 것이라고 믿어 왔다. 이 같은 편견이 너무나 광범위하게 퍼져 있다는 사실은 그리 놀라운 일도 아니다. 알코올중독에 관한 서적 등에서도 그러한 내용을 흔히 볼 수 있다. 독일은 중독과 관련된 언어만 봐도 부정적인 낙인이 너무 커서 질병으로 바라보는 시각이 불가능할 정도다. 독일에서는 그 누구도 '알코올중독자', '중독자', '말라비틀어진', '중독성 강박증', '물고기처럼 술을 들이켜고', '술 마시면서 어리석은 충동에 빠져', '흰색 쥐환각을 본다는 의미', '악순환'이라는 단어를 사용하기를 꺼린다.

최근 독일의 연방보건청의 조사에 의하면 성인 인구 중 음주로 인해 심각한 육체적·정신적 폐해라는 결과를 걱정해야 하는 인구가 27퍼센트에 달했다. 연구에 따르면 음주자 중 27퍼센트는 알코올의존증 환자거나 알코올중독의 문턱을 넘고 있었다. 이 숫자는 놀라운 동시에 놀랍지 않다. 알코올 문제에 대한 부정은 집단적 형태로 이루어지는데 특히 독일은 그 어느 곳보다 그런 현상이 심하다. 게다가 독일에 있는 알코올중독자 갱생회나 기도의 집Guttempler 혹은 푸른십자가 Blaue Kreuz 같은 재활을 돕는 단체들도 여전히 부끄러운 이미지를 벗어나지 못하고 있다. 술 이야기는 엄청나게 하면서 그것이 불러오는 결과에 대해서는 침묵하고 있는 이 사회를 보면 나는 독일이야말로 세상 어느 곳보다 집단적인 자기기만적 현상이 두드러진 곳이 아닐까 하고 종종 생각한 적이 있다.

현재 나는 독일 일간지 《타츠》에 독일의 알코올 문화와 나의 금주 경험을 담은 월간 칼럼을 쓰고 있다. 이 주제로 글을 쓸 수 있도록 지면을 허락해 준 《타츠》에 나는 매우 고맙게 생각한다.

내 칼럼은 놀라울 정도로 큰 반향을 불러일으켰다. 하지만 독자층은 극단적으로 나누어진 것 같다. 감동을 받았다는 반응도 많지만 분노에 찬 반응도 여전히 많다. 내 칼럼은 신문의 첫 페이지 전면을 차지하는데 오른쪽 아래 면에는 뜬금없이 《타츠》의 계열사에서 생산하는 프로세코이탈리아 화이트 포도주의 일종 광고가 박혀 있다. 물론 의도한 것은 아니겠지만 우리 사회에 뿌리박힌 집단적 자기기만 현상을 그대로 드러내 주는 예가 아닐까 싶다.

온라인 기사 면에도—나와 편집자 몇몇의 항의에도—연관 언론사에서 제공하는 음주 파티 사진들이 곳곳에 전시되어 있다. 그 사진 속에는 반쯤 빈 보드카병이나 밝은 조명의 술집 혹은 파티 후의 황폐한 장면 등이 등장한다. 이 사진들은 알코올이라는 주제와 관련해서 대부분의 잡지나 신문에 등장한다. 결국 텍스트와 이미지 사이에 어이없는 간극을 만들어 낸다. 금주 이후의 삶을 다룬 기사에 술병으로 가득 찬 사진이 실리고, 명상과 자기 절제를 다룬 칼럼에 부어라 마셔라 하는 음주 파티 사진이 등장한다. 알코올중독에 걸리면 죽을 때까지 술을 마신다는 것이 사진이 전해 주는 메시지인데도 말이다. 반면 금주 후의 삶을 보여 주는 사진은 거의 없다.

　하지만 이건 빙산의 일각일 뿐이다. 이 칼럼을 기고하기 시작하면서 나는 매우 황당한 제안을 종종 받게 되었다. 그중 하나가 옥토버페스트유명한 뮌헨의 맥주 축제에 참가한 후─물론 언론사의 입장에서는 무척 매력적인 소재다─마음을 바꾸고 술을 마셔 보는 경험을 다룬 기사를 써 보는 게 어떻겠느냐는 제안이었다. 술을 끊는 것이 곧 괴팍한 스타일의 삶을 선택한 것인 양 말이다.

　이 같은 무지는 곳곳에서 발견할 수 있다. 또 다른 예로 온라인 서점 아마존을 통한 경험이 있다. 알코올중독과 관련된 주제로 책을 주문하자 와인 할인 쿠폰이 쏟아져 들어왔다. 키안티이탈리아 투스카니 지방산의 적포도주 세트를 사면 50유로를 할인해 준다는 식이었다.

　물론 위의 예는 일부 몰지각한 사람 혹은 단체에 의한 일화다. 아마존의 경우 알고리즘에 실패한 프로그래밍 결과에 지나지 않을 수 있다. 그럼에도 우리의 일상에 음주가 얼마나 큰 부분을 차지하고 있으며 그 폐해를 다루는 것이 얼마나 어려운 문제인가를 보여 주는 징후다.

우리는 항상 술을 마시며, 포도주와 맥주를 제조하는 나라에서 살고 있다. 마리화나 합법화에 대한 TV 프로그램에 수상이 나와 술은 그저 즐거움을 줄 뿐이지만 마약은 그렇지 않다며, 독일 사람들은 그저 '저녁으로 반주 한 잔씩'을 마시는 민족이라고 태연히 말하는 나라이기도 하다. 정치가들도 자신들이 술을 마신다는 사실을 당연하게 얘기함으로써 국민들과 다르지 않다는 점을 어필하는 나라이기도 하다. 심지어 요수카 피셔독일의 정치인 같은 이는 독일 의회를 '술 냄새를 팍팍 풍기는 매우 평범한 알코올중독자 갱생회'라고도 대놓고 부르기도 한다.

가장 유명한 언론인이 음주운전을 하다 적발된 후 『음주에 관하여Uber das Trinken』라는 논쟁적인 책을 펴내기도 하는 나라다. 그는 매우 심각한 논조로 현재 독일에서 술을 금지하려는 문화적 강요가 횡행하고 있으며 "일반적으로 음주에 대한 몰이해가 판을 치고 있다"고 주장한다. 또한 일주일에 하루나 이틀은 금주를 하고, 나머지는 저녁에 10잔 이내의 와인을 마시며 중간 중간에 물을 마셔 준다면, 전혀 건강에 문제가 되지 않는다고 설파한다. 우리는 주류 세금이 다른 '고급 음식품'에 비해 터무니없이 싼 나라에서 살고 있다. 극장이나 TV 혹은 광고판에서 10대들의 증가하는 음주 문화에 대해 경고하면서, 어째서 젊은이들이 그렇게 술을 많이 마셔도 된다는 생각을 하게 되었는지 돌아보지 않는 나라에서 살고 있기도 하다.

따라서 술을 마시게 되면 우리는 신문이나 잡지, 토크쇼를 비롯한 일상에서 널리 선전하는 대로 광범위한 편견과 기만적 전략을 사용하지 않을 수 없는 것이다. 누군가 음주량 소비 증가와 그 결과에 대해 이야기하면 사람들은 도덕군자의 공격이나 건강 마니아층의 집착이라고 받아들인다. 알코올에 대한 사회적 담화를, 꼬장꼬장하고 정형화된 사람들이 다른 이의 삶을 즐기지 못하게 강압하는 것이라고 여긴다. 담배 다음에는 술을 금지함으로써 사람들이 햄스터처럼 순조롭게 일과 소비의 쳇바퀴를 돌리도록 만들고 있다며 의혹을 표하는 사람도 많다. 술 마시는 것을 사회적 오명으로 받아들이는 경향은 거의 찾아볼 수 없다. 오히려 정반대의 이미지를 갖고 있다.

> 내 말의 진의를 확인하기 위해
> 굳이 옥토버페스트를 가 볼 필요도 없다.
> 술을 입에도 대지 않는
> 이웃 사무실의 분위기나
> 생일 파티를 가 보는 것만으로 충분하다.

    독일에서 알코올중독 문제를 만드는 또 다른 이유는 오직 사회적 약자층 혹은 주변층에서만 볼 수 있는 현상이라는 편견이다. 하지만 현실과는 너무 동떨어진 편견이 아닐 수 없다. 통계적으로 볼 때 알코올중독 위험이 가장 높은 그룹은 30세에서 64세 사이의 고등교육을 받은 남자다.

    독일에서 이러한 현상은 다른 어느 곳보다 두드러진다. 술을 마실 수 있다는 것은 어느 정도의 현실적이고 남성적인 품성 그리고 지도자적 자질을 가진 것으로 인정된다. 독일의 정치가로 1998년부터 2005년까지 독일의 연방수상을 지낸 게르하르트 슈뢰더처럼 매우 값비싼 바롤로^{이탈리아산 신맛의 붉은} 포도주만 마신다 하더라도 말이다.

    지역 정치가와 중앙 연방 정치인들에 이르기까지, 중간에 맥주잔이 놓인 쾌활한 분위기의 사진이 없는 경우는 없다. 8장에서 언급한 바 있는 안드레아스 쇼켄호프는 결국 당시의 충격적인 언론 기사에서 볼 수 있었듯이 정치라는 어려운 비즈니스가 불러온 비참한 2차적 피해의 당사자 이상의 역할을 했다. 또한 그는 알코올중독자가 되지 않을 만큼 강인하다면 우리에게 음주란 그저 삶의 한 부분일 뿐이라고 여기는 집단 인식의 산물이기도 하다.

여성의 경우 30세 이상의 모든 연령대에서 고등교육과 과다 음주와의 상관관계를 확실히 볼 수 있다. 대부분의 음주자들은 부르주아적 음주 문화를 즐기고 있다. 와인 만들기나 떼루아 포도나무를 기르기 위한 토양과 기후 조건 등 모든 자연환경을 가리킨다 장인과의 만남, 친한 친구들과의 주말 술 파티나 동료들과의 축하 회식, 그 모든 것을 즐기지만 모두 자신이 알코올중독과 상관없다고 여기며 산다. 자신이나 친구 혹은 가족이 계속 술을 마실 수 있도록 얘기를 지어 낼 수 있는 사람이 더 지혜로운 사람인 것이다.

오늘날 독일인은 2차 대전 직후에 비해 훨씬 많은 양의 술을 마시고 있다. 그것은 단지 우리가 훨씬 더 부유해졌기 때문이다. 최근 들어 알코올 소비량 특히 맥주 소비량이 감소하고 있지만 실제로 그 감소량은 미미하다. 비록 논란은 있지만 중독 문제를 위한 독일본부협회의 통계에 의하면 2차 대전 직후와 비교해서 인구당 음주량은 약 4배 증가했다고 한다. 평균적으로 한 사람의 독일인이 소비하는 순수 알코올양은 1950년에 비교해서 7.5리터가 더 많다. 조부모에 비하면 연간 91리터, 와인은 13리터, 스파클링 와인은 5리터 그리고 양주는 3.4리터 더 많이 마시고 있는 것으로 밝혀졌다.

엄청난 숫자가 아닐 수 없다. 이러한 엄청난 증가량의 원인을 통계적 불연속성으로 돌리기는 어렵다. 기억이 아무리 생생하더라도 통계가 보여 주는 현실을 외면할 수는 없다. 분명한 진실은 우리가 예전보다 훨씬 더 많이 마신다는 것이다.

독일인이 연간 소비하는 순수 알코올양은 1인당 12.1리터에 달하고 있다. 전 세계 평균 알코올 소비량은 연간 6리터다. 이 양은 이 세상 어느 나라보다 많은 소비량이다.2015년 WHO 기준, 한국의 1인당 연간 술 소비량 12.3리터다. 알코올 남용으로 인한 간경변으로 사망하는 사람들의 수가 교통사고 사망자보다 많다. 평균적으로 볼 때 1년에 독일인이 1인당 마시는 와인과 맥주 그리고 양주를 모두 합치면 욕조 하나를 거뜬히 채우고도 남을 것이다.

그렇다. 음주에 관한 한 독일의 상황은 심각하다. 사실 세계 어느 나라 사람보다 심각한 편이다. 세상 어느 사람보다 스스로에게 많은 거짓말을 하며 엄청난 사회적 문제에 눈을 감고 있다. 해마다 독일에서 알코올의존증에 대한 각성을 촉구하는 캠페인에 사용되는 비용은 1,000만 유로 정도인 데 비해 주류 회사가 광고에 사용하는 비용은 5억 2,600만 유로에 달하고 있다. 2011년 한 해 동안 11만 6,000여 명이 급성 알코올중독으로 병원에 실려 왔는데 그중에는 2만 6,000여 명의 젊은이도 포함되어 있었다.

하지만 독일에서 알코올중독자라는 고백은 가장 큰 금기사항이다. 알코올중독자들, 그들의 가족과 친구들은 오랫동안 이 병을 치료하지 않고 침묵 속에 묻어 둔 채 사는 것이 더 쉬운 길이라고 믿어 왔다. 다시 말해 가장 시급한 도움이 필요한 사람들은 도움을 받아들이지 않고, 때로는 가족이나 의사들도 이를 방조해 왔다. 당신의 의사나 남편, 아내와 친구 혹은 회사 동료들도 겉보기에는 당신이 그리 망가져 보이지 않는다고 생각할 것이다.

독일에서 가장 쉽게 만날 수 있는 자기기만 중 하나는 알코올중독과 조금 더 가벼운 형태의 의존증을 구별 짓는 속설에 매달리는 것이다. 나 또한 이 속설의 희생양으로 오랫동안 살아왔다. 유명한 잡지 《차이트》조차도 엘리자베스 래터가 쓴 「술 마시는 여자Die trinkende frau」라는 매우 아름다운 칼럼을 기재하기도 했다. 중독증과 의존증을 구별하고 습관적 음주가 병리학적으로 치우치지 않도록 돕는 내용의 칼럼이었다. 이 칼럼에서 그녀는 우리가 어떤 것을 매우 좋아한다고 해서 그것을 중독이라고 즉각적으로 얘기하지 말아야 한다고 썼다. 우리 모두는 삶을 견딜 수 있게 만드는 이러저러한 중독에 빠져 있으므로 선조 때부터 있어 왔던 이 문제를 너무 신경질적으로 반응할 필요가 없다는 것이다.

대중적이고 지적이지만 의학적으로 무지한 오스트리아의 로베르트 팔러와 같은 철학자들은 최근 몇 년 동안 왕성하게 우리의 음주 문화를 옹호해 왔다. 팔러의 술에 대한 생각 중 하나는 환상이다. 그는 음주를 담배와 같이 건강을 해치는 대상으로 보는 움직임을 '가부장주의Bevormundungspolitik'로 단정 지었다. 그는 무능한 정치가들이 자신의 실수를 만회하기 위해 국민들을 점점 더 복종하도록 만들기 위한 주의를 끌려는 시도라고 보고 있다.

팔러는 음주가 금지된 사회를 우울한 그림으로 가득 찬 사회로 묘사하고 있다. 그는 그의 저서에서 건강과 안정을 추구한다는 명목으로 사람들의 욕망과 '삶의 가장 큰 행복의 순간'을 포기하도록 만드는 논쟁거리로 음주를 묘사했다. 실제로는 사람들의 생산성을 드높여 더 많은 소비를 하도록 부추길 뿐이라는 것이 그의 주장이다. 그러므로 금주는 음주 문화에서 볼 수 있는 최악의 현상이라는 것이다. 이 문화 속에서 사람들은 행복하기보다는 잘살기를 바란다는 것이다.

팔러의 우주에는 알코올성 질병이라는 것은 없어 보이기까지 한다. '사람을 의존증 환자로 만든다고 소위 말하는 중독성 물질은 다른 문화에서는 중독 물질로 취급받지 않는다'라는 게 그의 생각이다. 그에 따르면 신자유주의적 생산성과 자기 최적화라는 훌륭한 삶에 반대되는 것이다.

팔러가 내세운 주장의 기본적인 문제는 현실에 바탕을 둔
것이 아니라 아무런 위험 없이 술을 마실 수 있고, 고군분투
하지 않아도 되는 세상에 대한 그의 욕망에 바탕을 두고 있
다. 하지만 이 세상 어디에도 술이 의존증으로 이어지지 않는
문화란 없다. 안정된 직업인인 신문 편집부 직원들과 대학 종
사자들로부터 나온, 연금 걱정이 없었던 세상에 대한 향수인
것이다.

실제로 독일과 오스트리아의 주류세는 세상에서 가장 낮은
수준이다. 대중 영합주의자로서 팔러는 대중이 느끼는 두려
움을 이용해 정교한 호러 스토리를 꾸며 낸 것이다.

자아의 환상에 굴복함으로써 습관적 음주는 잠시 내면의
비참함을 걷어 내는 데 도움을 줄 수도 있을 것이다. 그러나
어느 순간 그것은 당신의 삶을 전혀 변화시키지 못하도록 만
든다. 잘 가꿔진 환상이 우리 삶에서 문제를 극복하는 데 얼
마나 중요한 것인지에 대해서는 모든 분석학자가 동의한다.
하지만 환상도 현실을 다루는 데 장애가 된다면 어느 정도 통
제가 필요하다.

술을 규칙적으로 마시게 되면 스스로의 능력과 욕구, 가능

성을 측정할 필요를 느끼지 않게 된다. 그것은 실패에 대한 두려움을 줄여 주고 때때로 자신에 대해 어처구니없이 높은 요구를 하도록 만들기도 한다. 술은 자신이 가진 것보다 훨씬 더 나은 사람이라는 내적 믿음을 갖게 해 주고 행복해지는 것 이상의 무엇인가를 필요로 한다고 느끼게 한다.

부유함과 그에 따른 특권을 인정하고 숭배하는 문화에서 우리는 항상 자신이 가진 것, 자신이 하는 일 그리고 자신의 모습에 만족하지 말라는 가르침을 받는다. 이런 요구에 저항하기 위해서 우선 우리는 성공이라는 것이 무엇인지, 삶과 일을 통해 무엇을 진정으로 기대하는지를 알아내야 한다. 습관적인 음주 습관은 바로 이러한 탐색을 방해한다.

평균적으로 술로 인한 단명이 담배로 인한 단명보다 더 많은 것으로 밝혀졌다. 매년 1만 명이나 되는 아기들이 술로 인한 손상을 지닌 채 태어난다. 그중 4,000여 명은 태어날 때부터 이미 알코올 증후군이 완전하게 진행된 상태다. 선천적으로 신체적·정신적 발달 장애를 안고 태어난 신생아 중 알코올성 발달 장애가 가장 큰 부분을 차지한다.

또한 알코올성 장애를 가진 부모 밑에서 성장하는 아동의

숫자는 250만 명에 가까운 것으로 추정된다. 이 아동들이 나중에 정신적인 장애를 갖게 될 확률은 다른 아동들에 비해 5~8배 높다고 한다. 우리의 집단적 자기기만이 이처럼 구체적이고 종종 치명적인 결과를 불러오는 것이다. 독일에서는 매년 7만 4,000여 명이 극단적 알코올 남용의 결과로 사망한다. 하지만 알코올중독자의 10퍼센트만이 병원이나 정신과나 다른 중독 재활 센터에 도움을 청하러 간다.

아마 당신도 이 같은 수치에 대해 어느 정도 알고 있지만 그 수치가 상당히 과장되었다고 생각하고 있을 것이다. 몇 년 전만 하더라도 나도 같은 생각이었다. 독일에 오프라 윈프리와 같은 명사가 없어서 그런 것만은 아닐 것이다. 독일에서는 술에 대한 미국의 태도나 사회 인식을 상상할 수 없다. 미국의 경우, 공중 장소에서 술에 취한 행동을 하는 것이 공식적으로 처벌 대상이었으며 술집의 문을 닫는 시간은 오후 4시였다. 특별한 허가증이 있는 가게에서만 술을 살 수 있었던 때로부터 거의 1세기가 지나 알코올중독증이 사회문제로 대두되자 미국은 즉각 행동에 나섰다.

독일의 경우 알코올중독 치료 모임은 악취가 풍기는, 음울하고 기분 나쁜, 어두운 모임이라는 이미지를 강하게 갖고 있다. 사실 어느 면에서 현재도 이런 형태의 모임은 존재한다. 그렇기에 많은 사람이 안도감을 느낄 수 있을 때까지 모임을 찾아 한동안 헤맨다.

나는 운 좋게도 당시 친구가 데리고 간 모임을 지금까지 나가고 있다. 독일인, 미국인, 아일랜드인, 프랑스인, 호주인, 남아공인, 영국인, 브라질인 등이 어떤 연유인지는 몰라도 모두 베를린의 A.A. 모임에 연착했다. 실생활에서는 어떤 인연도 없지만 우리는 이 모임에서 서로를 알게 되었다. 요양원의 간호사, 시나리오 작가, 타투 예술가, 영화배우, DJ, 바이올린 주자, 팝스타, 온라인 데이트 포털 운영자, 변호사, 시각 예술가, 갤러리 운영자, 바텐더, 공사장 인부, 요가 선생, 사무직원, 작가, 학생, 은퇴자 등 다양한 직군과 연령대의 사람이 모여 있다.

독일과는 정반대로 미국에서는 오프라 윈프리와 같은 토크쇼의 여왕이나 래퍼 에미넴, 영국 코미디언 러셀 브랜드와 같은 명사들의 음주에 따른 문제와 결과를 지속적이고 공개적으로 토론을 가지며 매우 개방적인 방식으로 다룬다. 미국은 중독 위험에 처한 과다 음주자를 가족이나 친구가 개입해 도움을 주기도 한다. 이에 더해 유명 인사들이 직접 알코올 금단증세 치료 클리닉 등을 찾아 치료받는 과정을 보여 주는 리얼리티 TV 쇼도 매우 많다. 〈맘〉〈걸스〉〈더 크레이지 원스〉〈하우스 오브 카드〉〈간호사 재키〉〈오렌지는 새로운 블랙〉〈캘리포니케이션〉과 같은 TV 프로그램을 보면 알코올중독자와 재활원, 중독자 모임 등이 리얼리티로 TV 화면을 채우고 있다.

중독에 관한 미국식 대중주의적 담화는 때로 참을 수 없을 정도로 부정적으로 보일 때도 있다. 하지만 중독증에 대한 기존의 오명을 벗긴 것만 해도 커다란 성과를 거뒀다는 것을 부정할 수 없다. 짧고 긴 치료 기간을 통한 다양한 항정신성 치료 방법과 여러 클리닉에서 제공되는 프로그램 등이 있지만 의존증에 100퍼센트 효과 있는 치료법은 없다.

안전하면서도 확실한 방법은 단지 하나뿐이다. 마시지 않는 것이다. 이 방법이 세상에서 가장 쉬운 방법이다. 가장 어려운 방법이기도 하지만.

물론 자신이 감당할 수 있는 음주량이 얼마나 되는지는 모두가 스스로 결정할 일이다. 많은 사람이 저녁에 이보다 많은 양의 술을 마시고도 건재하다. 그러나 아무리 문제가 없다지만 술은 건강에 현저한 악영향을 미칠 수 있다.

알코올중독증의 육체적 징후로 간질환이나 췌장 질환 혹은 다발신경병과 같은 극적인 신경 장애를 꼽는다. 하지만 그보다 돌이킬 수 없는 치명적인 장애는 따로 있다. 베르니케-코르사코프 증후군티아민의 흡수율과 이용률이 크게 저하되면서 정신적인 혼란, 우울증, 정신 이상, 혼수상태 등이 나타나는 증세 혹은 알코올중독으로 수명이 20여 년 단축된다는 것과 같은 이야기다. 궁극적으로는 알코올 남용이나 의존증이 제대로 치료되지 않았을 경우 나타날 수 있는 결과다. 주저하지 않고 마실 수 있는 알코올의 양은 성별이나 몸무게에 따라 다를 수 있지만 어떤 경우든 우리가 생각하는 것보다는 훨씬 적다.

세계암연구기금에서 권유하는 하루 알코올 권장 소비량은, 남성의 경우 와인 한 잔 혹은 맥주 한 병작은 병으로는 두 병이며 여성은 그 절반이다.

내 지인 중 한 명은 나를 만날 때마다
자신이 저녁에 결코
반병 이상의 와인을 마시지 않으므로
알코올 문제에 시달릴 일이 없다는
얘기를 하곤 했다.

하지만 로버트코흐연구소전염병 연구 기관는
반병에 해당되는
375밀리리터의 와인을 마시는 것만으로도
이미 과음에 속한다고 단정한다.

어처구니없게 들릴지라도 말이다.

13장

은총의 순간

술을 끊은 지 일 년 후 나는 '은총'이라는 단어를 오른쪽 팔목에 새겼다. 나는 종교적인 사람은 아니지만 살면서 너무나 자주 불만을 느껴 왔다. 이제는 감사할 일이 많다는 것을 기억하고 싶다. 사람들이 종종 어떻게 술을 끊을 수 있었느냐고 묻는다. 그럴 때마다 당황스러워진다. 어떻게 한마디로, 간단히 답할 수 있을까? 그때마다 나는 가능한 한 행복하게 살기 위해 노력한다고 대답해 왔다. 최대한 내 마음의 평화를 지키며 세상에 내 자신을 열어 놓으려 애쓴다고.

너무 신앙적인 느낌을 주는 말 같기도 하지만 나는 삶을 있는 그대로 받아들이려 애쓴다. '은총'이라는 표현도 마찬가지다. 때로 기분이 우울해지고 내면의 눈이 나의 못나고 잘못된 것들에 쏠리면 감사의 목록이라도 만들어 보려고 노력한다. 오프라 윈프리는 그것을 TV 쇼에서 보여 주기도 했다. 물론 말할 수 없이 부끄러운 일이고 마음 한쪽에서는 아직도 혀를 차는 나의 한쪽이 있지만 그럼에도 나는 할 일을 계속한다.

아침에 커피 한 잔을 놓고 아이패드를 켜서
어제 일어난 일 중 감사했던 이야기를 다섯 가지 적는다.
그 다섯 가지는 모두
일종의 삶이 내려준 선물과도 같은 것이다.
책임져야 하는 일이나
의지력으로 성취한 일과는 거리가 먼 것들이다.
시간이 흐를수록
5가지 감사 목록을 찾기가 힘들 수 있다.
하지만 며칠 지나고 나면
삶을 다른 관점에서 바라볼 수 있을 것이다.

불친절한 지하철 승객들 사이에서조차 인정 어린 눈빛을

가진 이들을 찾을 수 있을 것이다. 진심으로 찾아 헤매던 사람들을 거리에서 혹은 다른 여러 곳에서도 끊임없이 만날 수 있게 될 것이다. 예전에는 결코 이해할 수 없던 것들을 이해할 수 있게 되고, 변화시킬 수 없다고 생각했던 것을 다른 방식으로 접근하게 될 것이다. 열심히 일하고 노력을 하겠지만 직업적 성공은 자신이 통제할 수 있는 영역이 아니며, 지금 정도의 성공이 오롯이 당신의 책임만이 아니라는 것도 알게 될 것이다. 시기와 작품의 예술성에 상관없이 감동과 영감을 느끼고 영향을 받게 될 것이다. 톨스토이의 책은 실제로 삶을 바꾸어 놓는 책이기도 하다. 크림 파티시에가 올려진 타르트와 봄에 먹는 야생 딸기는 얼마나 믿을 수 없이 훌륭한가! 초여름의 작은 강낭콩을 수확할 때의 기쁨이나 가을에 포시니 버섯을 딸 때의 희열은 또 어떠한가!

이런 삶의 여러 기쁨을 몰랐던 건 아니다. 다만 술을 마시는 동안 잊고 있었을 뿐이다. 내면의 풍경이 다시 풍요로워지면서 공원을 산책하는 동안 계절이 천천히 바뀌는 것과 하루하루가 달라지는 것을 알아챌 수 있었다. 나의 자녀들이 나를 웃게 만들 때나 10대부터 알고 지내던 오래된 친구들과 시간을 함께 보내면서 모든 것이 만족스럽다고 느껴질 때 나는 스스로를 행운아라고 느꼈다. 가까운 친구와 함께 필하모닉 오케스트라 공연에 가거나 한여름에 작은 정글 숲이 된 듯한 테라스의 식물들에 물을 주고 있을 때 나는 행복함을 느꼈다. 나는 전 세계 대부분의 사람보다 더 많은 행운을 누리고 있으며, 많은 이가 생각조차 할 수 없는 안전함을 누리고 있다. 어린 시절에는 유토피아처럼 여겨졌던 풍요로운 환경에서 살고 있다.

감사해야 할 수많은 이유가 있어도 나를 비롯한 사람들이 자신들이 받은 삶에 대해 감사함을 느끼는 것이 얼마나 어려운지를 생각해 보면 삶이란 참으로 아이러니하다. 삶은 그 자체로서 가치가 있다. 그러니 우리는 감사하게 여겨야 한다. 상투적이고 청교도적이며 투박한 표현이긴 해도 삶은 그 자체가 선물이기 때문이다.

어떻게 더 이상 술을 마시지 않기로 결심했는지 정확하게 기억이 나지 않는다. 다만 어떤 시점부터 내 내면에서 '왜 나인가?'라는 물음 대신에 '나라고 왜 안 되겠어?'라는 물음이 큰소리로 들려오기 시작했다. 친구들과 다른 사람들이 앓고 있는 질병을 나라고 해서 앓지 않을 도리가 있겠는가? 단지 늙더라도 살아남는 것만이 아닌 진정한 삶을 살 길을 나라고 찾지 말라는 법이 있겠는가?

어떤 시점이 되자 나는 그게 어떤 형태가 될지는 알 수 없지만 마침내 결승선을 그어야 할 때가 되었다고 느꼈다. 즉 어느 시점에서 미지의 세계로 뛰어들기로 한 것이다. 어쩌면 그때가 '은총'의 순간이었을지도 모른다. 내가 알고 있는 수많은 음주가는 손에 술잔을 쥐고 눈앞에 닥쳐오는 재앙에 눈을 감은 채 삶을 지속하려 했다.

이 모든 것은 그해 여름 몇 주 동안 나를 꼼짝 못하게 만들었던 심각한 폐렴으로부터 시작되었다. 처음으로 나는 죽음이라는 게 나에게 진짜 현실이 될 수 있다는 것을 깨달았다. 거의 매일 나는 항생제가 효력을 발휘하기를 바라며 꼼짝도 할 수 없는 고열에 시달리고 있었다. 폐열량을 키우기 위해 지금까지도 부지런히 노력하게 만든 일이기도 하다. 한편으로는 여전히 내 몸과 영혼에 어떤 일도 일어나지 않을 것이며, 무슨 짓을 하더라도 다시 건강해질 것이라는 믿음에 매달리고 있었다.

하지만 나는 거의 한 달 동안을 앓았다. 그전에는 거의 반년 가까이 음주 조절 연습을 하고 있었는데—일주일에 두 번 네 잔—거의 효과가 없었고 정기적으로 극단적인 결과에 부딪히곤 했다. 그 당시는 너무 아픈 나머지 술을 마시고 싶다는 생각조차 들지 않았다. 그러자 얼마 동안 술을 마시지 않아도 될 것 같은 생각이 살며시 들기 시작했다. 실제로 나는 얼마간 술을 마시지 않았다.

그러다가 건강을 되찾자마자 바깥 세계에 합류하고 싶은 욕망, 모든 파티와 전시회 개막식에 참석하고 될 수 있는 한 많은 이와 어울리고 싶다는 욕망에 다시 휩쓸렸다. 이미 한 달 동안 술을 마시지 않았으므로 내가 알코올중독자가 아니라는 사실이 증명되었다고 나는 믿었다.

매일 밤 다시 술을 마시기까지는 그리 많은 시간이 걸리지 않았다. 나는 매일 밤 외출을 했다. 뜨겁고 잔뜩 기대에 찬 언약으로 가득 찬 멋진 여름이었다. 몇 주 후 그토록 두려워하는 은밀한 대상이자 한때 습관, 과거의 음주량으로 나는 다시 돌아갔다. 저녁때만 마신 것이 아니라 밤새도록 마시는 일도 거의 매일 이어졌다. 그조차도 더 이상 신경 쓰이지 않았다. 매일, 매주, 일을 마치고 밖으로 나가 사람들을 만나 끊임없이 파티를 하며 집에 늦게 들어오는 날들을 이어 갔다.

그러면서 배후에 숨어 있던 절망, 병리학적 증세가 점점 분명하게 드러나기 시작했다. 나는 술로 인한 자기 파괴적인 폭풍을 잘 알고 있었다. 게다가 이번에는 그 폭풍이 점점 더 강렬해지는 것을 느꼈지만 내가 저항하기엔 힘에 부쳤다. 의존증에서 한 발짝 더 나아간 단계였다. 이 한 발짝이 나에게는 무시무시하게 다가왔다. 왜 나는 가망이 없는 걸까?

우스꽝스러운 이름의 경마들과 술에 잔뜩 취한 사람들 사이에서 나는 이렇게 산다면 앞으로 지금까지 살아왔던 삶과는 다른 어떤 삶도 알지 못한 채, 그 어떤 새로운 삶도 맞이하지 못할 거라는 생각이 들었다. 몇 달 혹은 몇 년은 별일 없이 살 수 있을 것이고, 어쩌면 내가 아는 노인들처럼 더 오래 살 수도 있을 것이다. 하지만 동시에 분명히 온몸으로 느꼈다. 모든 날이 다른 날과 똑같이 느껴질 것이고, 이렇게 변덕스럽고 어처구니없을 정도로 아름다운 날조차 다른 어떤 날과 다르지 않게 느낄 거라는 예감 말이다.

그날부터 내 인생에는 오로지 내리막길밖에 없으며 어둠과 비극의 순간이 점점 더 자주 찾아오리라는 것을, 그리하여 미래에는 어떤 좋은 일도 찾아오지 않으리라는 것을 나는 확실하게 느낄 수 있었다. 술을 마시는 한 나는 내가 찾는 것이 무엇인지 알아도 절대로 얻지 못하리라는 것을 알고 있었다. 그러면서 지금까지 한 번도 시도해 보지 않았고, 그럴 기회조차 없었으며, 한 번도 눈여겨보지 않았던 삶의 대안이 존재한다는 사실을 갑자기 깨닫게 되었다. 진지하게 술을 끊고 내 삶의 방향이 다른 쪽으로 향하도록 시도해 보는 것도 괜찮겠다는 생각이 든 것이다. 정말로, 진지하게 술을 끊는 일 말이다.

이런 생각을 아마도 내가 경마장에 함께 갔던 친구에게 전달했던 것 같다. 그 친구는 내 말에 웃음을 터트리더니 의심이 가득한 눈길로 나를 바라봤다. 제정신으로 돌아오려면 시간이 좀 걸리겠군, 이라고 말하는 듯한 표정이었다. 하지만 그날 저녁 나는 또 다른 친구를 만나 한 병의 레드 와인을 앞에 놓고 내 결심을 전했다. 이 길만이 갈 길이다, 마음속으로 나는 확신했다. 충분히 가 볼 만한 길이다, 라고 말이다.

> 술을 끊은 지금도 그날을 분명하게 기억한다.
> 내가 술을 끊은 날을 말이다.
> 그날부터 나는 보드카 토닉도, 메를로 와인도,
> 샴페인도, 맥주도 한 방울 마시지 않았다.

이 깨달음의 시간은 매우 소중했다. 나는 언제나 음주와 금주 사이를 선택할 수 있다. 중독자가 되면 그런 선택을 할 수 없다. 지금 우리의 무의식 속에는 너무나 많은 과정이 진행되고 있어서 굳이 구체적으로 금주를 생각하지 않아도 이미 결정은 나와 있을 것이다. 모든 중독자, 음주가는 이 깨달음의 순간에 대해 잘 알고 있다. 두꺼운 자기기만이라는 구름을 뚫고 한 줄기 빛이 들어오는 순간, 자신이 잘못되고 있다는 것을 온몸으로 깨달을 수 있는 두려움의 순간 말이다.

이것은 우연한 감각이 아니다. 그 신호는 자주 있어 왔을 것이다. 하지만 이 순간은 느닷없이 왔다가 갑자기 사라진다. 그러다 어느 순간 진정한 내면에 혁명의 방아쇠를 당기는 것이다. 그것을 미리 계획하고 구조를 짜는 것은 불가능하며 마법의 힘으로 나타나게 하는 것도 불가능하다. 다만 그런 순간

이 닥쳤을 때 이미 내면에 그 결심을 실천할 수 있는 풍요로
운 땅이 있다는 것만 얘기할 수 있다.

명확한 소망을 갖게 되는 순간은 이상한 우연처럼 다가온
다. 삶을 구원해 줄 수 있는 그 순간을 당신 역시 곧장 붙잡기
를 바란다. 그 순간은 의존증에 사로잡힌 자아를 정직하게 들
여다볼 수 있는 생물학적·심리적 조건이 우연하게 합쳐진 인
생의 매우 드문 순간이기도 하다.

내가 이 결심을 하게 된 진정한 이유는 여전히 알 수 없지
만 결과적으로 그것이 나와 우리 모두에게 도움이 된다는 것
만은 직관적으로 알 수 있었다. 그로 인해 그토록 중요하고
불가능하게 보였던 술과의 이별이 가능해지는 것이다.

우리에게 이처럼 잠시 스쳐 지나가는 각성의 순간이 존재
한다는 것은 알려지지 않은 선물과도 같다. 믿을 수 없지만
진실된 은총의 예라고 할 만하다. 나는 이 '은총'의 순간을 오
늘날까지 매일 감사하게 받아들이고 있다.

•부록•
익명의 알코올중독자들

익명의 알코올 중독자들Alcoholics anonymous은 알코올로부터 해방되기를 원하는 약 200만 명이 활동하는 국제적 상호 협조활동 모임이다. 영문 앞 글자를 따서 A.A.라고도 부른다.

A.A. 모임의 근본적인 목적은 알코올의존증, 알코올중독으로부터 벗어나도록 돕는 것이다. 이를 위해 A.A. 멤버들은 서로 간의 경험과 희망을 함께 나누고 있다.

[설립]

A.A.는 1935년 밥 박사와 빌 윌슨 씨에 의해 미국 오하이오 주의 애크론 시에서 시작되었다. 밥 박사와 빌 윌슨 씨는 다른 회원들과 함께 영적 프로그램을 개발했으며, 모임의 12전

통 등 규칙을 규정했다. 국내의 경우 1976년 아일랜드계 안성도 신부가 미국 A.A.를 통하여 단주를 시작하고 한국에 돌아온 것이 시작이었다. 1976년부터 1981년까지 강원도 위주로 메시지 전달 활동을 한 안성도 신부는 1982년부터 책자 출간 준비와 동시에 서울 지역에서 메시지 전달 활동을 시작했다.

[A.A. 12전통]

1전통 : 우리의 공동 복리가 무엇보다 우선시되어야 한다. 개인의 회복은 A.A.의 공동 유대에 달려 있다.

2전통 : 우리의 그룹 목적을 위한 궁극적인 권위는 하나다. 이는 우리 그룹의 양심 안에 당신 자신을 드러내 주는 사랑 많은 신이다. 우리의 지도자는 신뢰받는 봉사자일 뿐이지, 다스리는 사람들은 아니다.

3전통 : 술을 끊겠다는 열망이 A.A.의 멤버가 되기 위한 유일한 조건이다.

4전통 : 각 그룹은 다른 그룹이나 A.A. 전체에 영향을 끼치는 문제를 제외하고는 반드시 자율적이어야 한다.

5전통 : 각 그룹의 유일한 근본 목적은 아직도 고통받고 있는 알코올중독자들에게 메시지를 전하는 것이다.

6전통 : A.A. 그룹은 관계 기관이나 외부의 기업에 보증을 서거나 융자를 해 주거나 A.A.의 이름을 빌려주는 일 등을 일체 하지 말아야 한다. 돈이나 재산, 명성의 문제는 우리를 근본 목적에서 벗어나게 할 우려가 있기 때문이다.

7전통 : 모든 A.A. 그룹은 외부의 기부금을 사절하며, 전적으로 자립해 나가야 한다.

8전통 : A.A.는 항상 비직업적이어야 한다. 그러나 서비스 센터에는 전임 직원을 둘 수 있다.

9전통 : A.A.는 결코 조직화되어서는 안 된다. 그러나 봉사부나 위원회를 만들 수는 있으며, 그들은 봉사 대상자들에 대한 직접적인 책임을 갖게 된다.

10전통 : A.A.는 외부의 문제에 대해서는 어떠한 의견도 가지지 않는다. 그러므로 A.A.의 이름이 공론에 들먹여져서는 안된다.

11전통 : A.A.의 홍보 원칙은 적극적인 선전보다 A.A. 본래 매력에 기초를 둔다. 따라서 대중매체에서 익명을 지켜야 한다.

12전통 : 익명은 우리 모든 전통의 기본이다. 이는 각 개인

보다 항상 A.A. 원칙을 앞세워야 한다는 것을 일깨워 주기 위해서이다.

[A.A. 12개념]

1개념 : 세계 봉사의 최종적인 책임과 궁극적인 권위는, 항상 A.A. 전체의 양심에 근거해야 한다.

2개념 : 1955년, A.A. 그룹들이 총회의 영구적인 헌장을 승인했는데, 이는 실제적이고 지속적인 세계 봉사를 위한 모든 권위를 총회에 위임했음을 뜻한다. 그럼으로써 총회는 12전통이나 헌장 12조의 변경을 제외하고는 A.A. 전체를 실제적으로 표명하고 대표하는 양심이 되었다.

3개념 : 모든 그룹, 총회, 이사회 그리고 봉사 기관, 직원, 위원회 및 행정인 사이에서 명확하게 구분된 업무를 창출하고 유지하며, 지도력을 확고히 하기 위한 전통적인 수단으로서 세계 봉사의 각 부문에 전통적인 '결정권'을 부여할 것을 제안한다.

4개념 : 우리는 총회의 구조를 통해 모든 책임질 수 있는 수준의 전통적인 '참여권'을 유지해야만 하며, 각 부문과 세계 봉사자들은 각자 반드시 이행해야 하는 책임에 대해 합리적인 비율의 투표권을 갖게 된다.

5개념 : 우리의 세계 봉사 구조를 통해 전통적인 '제안권'이 잘 이뤄져야 하며, 그렇게 함으로써 소수의 의견이 경청되고, 개인적인 불만을 해소할 수 있는 청원이 신중히 고려된다는 점을 명확히 해야 된다.

6개념 : A.A. 전체의 이익을 위해, 총회는 우리의 세계 봉사 유지를 위한 원칙적인 책임을 갖게 되며, 이것은 전통적으로 일반적인 정책과 재정의 광범위한 문제에 있어서 최종적인 결정권을 의미한다. 또한 총회는 대부분의 문제에 있어서 주된 주도권자이자 A.A. 총봉사진으로서, 이사회의 신뢰받는 봉사자들에 의해 사전에 검증되어야 한다.

7개념 : 총회는 이사회의 헌장과 조례들이 합법적이라는 것을 인정한다. 그러므로 신뢰받는 봉사자들은 A.A.의 모든 세계 봉사 업무를 운영하고 지휘할 권한을 부여받는다. 이것은 더 나아가 총회 헌장 자체가 합법적인 것이 아닌 대신에, 궁극적인 효과를 위해 A.A.의 힘과 전통에 달려 있다는 것을 알고 있다.

8개념 : 이사회의 신뢰를 받는 봉사자들은 두 가지 근본적인 자격을 가지고 활동한다. 첫째, 그들은 전반적인 정책과 재정에 관한 보다 커다란 문제들에 관해 중요한 계획 입안자들이며 행정가들이다. 둘째, 그들은 우리의 독자적인 법인 조직과 지속적이고 효과적인 봉사에 관해 신뢰받는 관계이며, 실제적으로는 지도자를 선출하는 권리 의식과 신중한 관리 능력을 발휘한다.

9개념 : 적절하고 타당한 방법으로 선출된 훌륭한 봉사 지도자들은 모든 면에서 우리가 앞으로 할 일들과 안정을 위해 없어서는 안 될 사람들이다. A.A. 이사회의 신뢰받는 봉사자들은 A.A.의 이전 설립자들에 의해 실행되었던 초기의 세계 봉사 지도력을 필수적인 것으로 여기고 있다.

10개념 : 모든 봉사의 책임은 봉사 권위와 대등하다. 그러한 권위의 범위는 언제나 전통이나 결의, 특정 업무에 관한 설명, 적절한 헌장과 조례들에 의해 정해져야 한다.

11개념 : 신뢰받는 봉사자들은 A.A. 세계 봉사 행정에 대한 최종적인 책임을 지는 동시에 항상 가장 유능한 현재의 위원들, 법인 봉사 담당자, 행정인들, 직원들 그리고 고문들의 보조를 받는다. 따라서 기초 위원들과 봉사진의 구성, 그 멤버들의 개인적인 자질, 봉사를 유도하는 그들의 방법, 순환 봉사 구조, 서로 간의 연계 방식, 실행 위원들의 특별한 권리와 의무, 직원들 그리고 고문들은 이 특별한 일을 하는 사람들에게 금전적으로 적절한 보상을 언제나 진지하게 다루고 고려해야 한다.

12개념 : 모든 절차에 있어서 총회는 A.A. 전통의 정신을 준수해야 한다. 총회는 위험한 부나 권력이 되어서는 안 된다. 총회의 멤버 중 어느 누구라도 다른 사람들 위에서 무조건적인 권위를 누려 본 적이 없다. 모든 중대한 결정은 토론, 투표가 가능하다면 완전한 익명의 원칙하에 이뤄져야 한다. 총회의 어떤 활동도 공적인 논쟁에서 개별적으로 처벌 대상이나 선동거리가 되지 않는다. 총회가 A.A. 봉사를 위해 활동한다고 할지라도 어떤 지배의 행위를 해서도 안 된다. 총회의 사고와 활동은 봉사 대상인 A.A.와 마찬가지로 항상 민주적이어야 한다.

[A.A.와 알코올중독]

A.A.는 개인의 회복에만 관심을 갖고 있고, 멤버십을 갖고자 원하며, 계속적으로 건전한 생활을 하고자 하는 개인 알코

올중독자들을 도와준다. 멤버가 개인 자격으로 알코올 연구, 정신의학적 치료, 교육 또는 어떤 형태의 변화나 주장 등에 참여하더라도, A.A.는 이러한 일들에 관여하지 않는다. A.A.는 알코올 문제에 관심이 있는 다른 기관 등과 '협력은 하되 동맹은 맺지 않는다'는 원칙을 채택하고 있다.

　전통적으로 A.A.는 외부의 재정적 지원을 받지 않으며, 멤버들은 방송 매체나 인쇄물 등과 공공에 개인의 익명성을 지키고 있다. A.A.의 경험은 이를 필요로 하는 사업가, 영적 지도자, 공공단체, 법률 종사자, 건강, 복지 관계자, 교육자, 군시설 관계자, 연구 기관, 노동 관련 기관 등 필요로 하는 모든 사람에게 무료로 제공되어 왔다. 그러나 A.A.는 알코올중독에 관한 다른 연구 프로그램 등과 동맹을 맺거나 찬성 또는 지원하는 등의 의견을 제시하지 않는다. 왜냐하면 이런 행동들이 멤버 의식의 근본 목적을 벗어나기 때문이다.

[익명의 중요성]

　전통적으로, A.A. 멤버들은 공공매체인 '신문, 라디오, 텔레비전, 필름' 등에 그들의 익명성을 유지하려는 주의를 항상 게을리하지 않았다. A.A. 초기에는 '알코올중독자'라는 단어에 찍히는 낙인이 요즘보다도 심했기에 이름이 밝혀지거나 인쇄물들에 실려 밝혀지는 것을 꺼려 했다. A.A.가 성장하면서 익명성의 적극적인 가치는 더욱 분명해지고 있다.

처음에는 우리 경험에 의하면 많은 문제의 음주자가 A.A.에 오는 것을 꺼려 했다. 왜냐하면 그들이 모임에서 이야기한 내용들이 다른 사람들의 부주의에 의해서 알려질까 봐 두려워했기 때문이다. 초심자들은 그들의 익명성이 모임 외부로 나가지 않는다는 확신을 갖고 도움을 청할 수 있어야 한다. 또한 개인의 익명성의 개념을 우리에게 영적 중대성을 가져다준다고 믿으며 이것은 개인적인 인식, 힘, 우월성 또는 어떤 사회에 어려움이 되는 개인의 이익을 위한 경향을 말린다. 알코올중독자들과 일하는 가운데 수많은 상대적인 효율성은 우리가 공공의 인식을 찾거나 받아들이려 한다면 이것을 해칠 수 있다. 모든 A.A. 멤버가 A.A. 전통의 해석을 그들 자의적으로 하는 한, 그 누구도 해당되는 멤버 의식에 대한 대변인이라고는 인식될 수 없다. 모든 멤버는 오직 자기에 대해서만 이야기한다.

A.A.는 수년간에 걸쳐 익명의 전통 방식으로 홍보를 강화하

는 데 있어 모든 보도 매체에 도움을 받았다. 때때로 G.S.O.중앙 사무실는 전통을 설명하고, 그의 준수에 대한 협조를 요청하려고 미국과 캐나다의 모든 중요 보도 매체와 접촉을 했다. 어떤 멤버가 여러 이유로 대중에게 '익명성 훼손'을 할 수 있다. 이것이 개인 선택과 양심의 문제라면, 이런 전통의 이탈을 제어할 수가 없다. 그렇지만 이런 개인들이 절대 다수의 멤버들의 승인받지 못함은 명백한 사실이다.

[A.A. 모임의 형태]

A.A.에는 보통 2가지 형태의 모임이 있다.

1. 공개 모임 : 말 그대로 이 모임은 알코올중독자와 그들의 가족과 개인 자신의 술 문제 해결에 관심을 갖고 있는 사람들이나, 그런 문제들을 갖고 있는 남들을 도우려는 사람들을 위한 것이다. 대부분 공개 모임은 같은 지역에서 다소의 변화를 갖고 진행하지만 몇 가지 유형을 따른다. 사회자는 새로 나온 멤버의 편의를 위하여 A.A. 프로그램을 간략하게 소개하고 또한 그들을 모임에서 인사시킨다. 그리고 2, 3명의 발표자로 하여금 그들의 음주 경험담을 이야기하도록 한다. 모임 중간

에 지역 A.A.에 정기적인 안내를 하고, 회계는 기부금함을 돌려 모금을 하는데 이는 모임 사용료, 책자, 잡비 지출 등에 충당한다. 모임이 끝나고 다과나 음료를 들면서 비공식 회합을 갖기도 한다.

공개 모임의 초청자들은 그들이 들었던 어떤 의견이나 해석 등이 단지 발표자가 갖고 있는 것이라고 다시 느끼게 된다. 모든 멤버들은 회복의 프로그램을 자기 나름대로 해석할 수 있다. 그리고 그 누구도 A.A. 전체나 지역 모임의 것으로 말할 수 없다.

2. 비공개 모임: 이 모임은 알코올중독자에게만 해당된다. 그들은 서로 간에 음주 행태에 관련한 문제점들에 대한 의견을 교환하고 맑은 정신으로 살 수 있도록 다짐을 한다. 또한 회복 프로그램 안에서의 여러 가지 요소에 대한 보다 자세한 토의를 하기도 한다.

감사의 말

글쓰기가 얼마나 어려운지를 몰랐다는 게 얼마나 다행인가. 알았다면 절대 글쓰기를 시작할 수 없었을 것이다.

이 책을 쓰며 종종 롤러코스터를 타는 기분을 느꼈다. 친구들과 동료들—술을 끊었건 그렇지 않건—의 도움이 없었더라면 지난 1년 반이라는 시간을 결코 이겨 내지 못했을 것이다.

일단 베아트리케 파스벤더와 안네 슈라프에게 감사하고 싶다. 내 초고를 읽어 주고 내가 회의를 극복할 수 있도록 용기를 줬기 때문이다. 도리스 크넬흐트, 빌 마르틴, 마리 나우만, 아미 파톤은 나에게 여러 중요한 제안을 해 주기도 했다. 벤야민 키스와 딘 사메시마 그리고 마리아 솔룬은 힘든 시기에 내가 부르면 언제든지 달려와 줬다. 안드레아스 파인드, 프레

드리히 피쉬케 그리고 후베르타 폰 포스-비티그는 내가 자료
조사와 저술을 위해 런던, 뉴욕, 제네바에 머무는 동안 친절
하게도 그들의 아파트를 나에게 빌려주기도 했다. 안드레아
스 파니자데흐는 《타츠》에 '금주'를 주제로 한 칼럼을 싣도록
나에게 도움을 줬다. 크리스티안 던커와 마르크 이벤은 자신
들의 잡지 《가이스테스블루텐》에 같은 주제의 글을 내가 기
고하도록 지면을 마련해 줬다. 아르민 케버는 스위스의 문화
잡지 《투》에 내가 기고하도록 해 줬고, 이호마 만골드는 《차
이트》에 나의 에세이를 실어 줬다. 또한 내 전담 심리상담학
자 에디트 자이페르트의 도움이 없었다면 어땠을지 나는 상
상도 할 수가 없다. 나의 부모님과 형제 그리고 여기에 언급
하지 못한 모든 친구에게도 가슴 깊은 감사의 말을 전한다.

편집자인 루드거 아카스와 에이전시 책임자 토마스 홀슬에
게도 특별한 감사의 말을 전한다. 금주에 성공한 두 명의 멋
진 출판업자 엘리자베스 루게와 캬르스텐 크레델을 만난 것
도 행운이었다. 이들이 없었더라면 혼자서는 결코 이 책을 쓸
수 없을 것이다. 이 모두가 없었더라면 이 책은 여기 있을 수
없었을 것이다.

어느 애주가의 고백

초판 1쇄 발행 2018년 3월 16일
1판 6쇄 발행 2022년 1월 25일

지은이 　다니엘 슈라이버
옮긴이 　이덕임
발행인 　김승호
펴낸곳 　스노우폭스북스
편집인 　서진

표지 　　정현옥
본문 　　김숙희
일러스트 　윤유경
마케팅 　김정현

주소 　　경기도 파주시 광인사길 209, 202호
대표번호 　031-927-9965
팩스 　　070-7589-0721
전자우편 　edit@sfbooks.co.kr

출판신고 　2015년 8월 7일 제406-2015-000159호

ISBN 　979-11-88331-22-2 (03100)
값 　　　15,000원